Bach   Karl Borromäus

Der hl. Karl beim Stundengebet

Hedwig Bach

KARL BORROMÄUS

Leitbild für die Reform der Kirche
nach dem Konzil von Trient

*Ein Gedenkbuch
zum 400. Todestag 1984*

WIENAND VERLAG KÖLN

Sr. Hedwig Bach, Dr. phil., ist Ordensfrau und wirkt als Borromäerin in St. Carolus in Boppard (Rhein).

Redaktion: Christian Geyer
Mit Beiträgen von:
Generalsekretariat des Borromäusvereins, Bonn
Christian Geyer, Köln
Adam Wienand, Köln

Das Umschlagbild zeigt den hl. Karl Borromäus
(Ölgemälde von Paul Troger, 1698–1762)

© Wienand Verlag Köln 1984
2. Auflage 1985
Herstellung: Druck- + Verlagshaus Wienand Köln
ISBN 3 87909-135-8

Wappen des Heiligen als Erzbischof von Mailand

Geleitwort und Dank

Durch seine Reformtätigkeit innerhalb der katholischen Kirche steht Karl Borromäus an der Spitze der Heiligen in nachtridentinischer Zeit. Als Erzbischof von Mailand führte er die Beschlüsse des Trienter Konzils in seiner Diözese mit großem persönlichen Einsatz durch und wurde so ein Leitbild für die Bischöfe. Indessen ist er längst nicht so bekannt geworden wie andere Heilige seiner Zeit, sei es Ignatius von Loyola, Petrus Canisius oder Teresa von Avila (zum Gedenkjahr 1982 verzeichnete ihre Bibliographie 250 Bücher, Aufsätze und andere Schriften). Karl Borromäus ist ein ›verborgener Heiliger‹, den Papst Johannes XXIII. zu den größten Seelsorgern der Kirchengeschichte zählte und als »einen Lehrer der Bischöfe, Ratgeber der Päpste und ein herrliches Beispiel bischöflicher Heiligkeit« bezeichnete.

Das 400. Todesjahr des hl. Karl (1538–1584) bietet den Anlaß, sich auch im deutschsprachigen Raum verstärkt mit Persönlichkeit und Wirken des Heiligen auseinanderzusetzen. Eine abgerundete Biographie steht noch aus und muß zahlreiche Quellenstudien in Rom und Mailand abwarten. Das vorliegende Gedenkbuch möchte das Portrait eines Menschen zeichnen, der durch sein kompromißloses Streben nach persönlicher Heiligkeit auch heute noch herausfordernd wirkt.

Die pastoralen Schriften des Heiligen – das sei hier erwähnt – haben bis in die Gegenwart hinein ihre Bedeutung nicht verloren. Papst Paulus VI. überreichte den Konzilsvätern die ›12 Orationes‹ Karls aus den Mailänder Kirchenakten. Im neuen Stundenbuch finden sich Texte des hl. Karl, gedruckt 1979 und 1980 (Lektionar I_8 und II_1).

Für Hilfe und Rat bei der Abfassung des Manuskripts danke ich den staatlichen Bibliotheken in Passau und Bamberg, der Landesbibliothek in Innsbruck˙(Tirol), der alten Staatsbibliothek in Berlin und vor allem der Klosterbibliothek Maria Laach, die mir für dieses Buch und eine Ausstellung zum 400. Todesjahr des hl. Karl im Trierer Mutterhaus der Borromäerinnen wertvolle Buchausgaben und Mailänder Zeitschriften zur Verfügung stellte.

Ich danke dem Wienand Verlag, der das Buch angeregt hat, für alle Mühewaltung und die reiche Bildausstattung, ebenso den übrigen Autoren, die das Bild von der Wirksamkeit des hl. Karl noch zusätzlich bereichert haben.

Sr. Hedwig Bach

Zeittafel zur Vita

1538   Geburt am 2. Oktober auf der Burg Arona am Lago Maggiore

1545   Karl erhält die Tonsur und wird damit zum Klerikerstand bestimmt

1547   Tod der Mutter Margarete von Medici

1554   Beginn des Jurastudiums in Pavia

1558   Tod des Vaters Giberto II. Borromeo

1559   Promotion zum Doktor beider Rechte

1560   Der neugewählte Papst Pius IV. ruft seinen Neffen Karl in den Vatikan und überträgt ihm zahlreiche Ämter. Er wird Administrator des Erzbistums Mailand mit Sitz in Rom.

1562/63 In der Funktion des Kardinalstaatssekretärs Mitwirkung an der Abschlußphase des Trienter Konzils.

1562   Tod des Bruders Federico

1563   Priester- und Bischofsweihe

1565   Beginn der Reformtätigkeit im Erzbistum Mailand. In der Folgezeit Einberufung von sechs Provinzialkonzilien und elf Diözesansynoden und Gründung zahlreicher Bildungseinrichtungen für Klerus und Volk.
Am 9. Dezember steht Karl seinem Onkel Papst Pius IV. in seiner Todesstunde bei.

1566   Herausgabe des Römischen Katechismus, dessen erster Entwurf unter der Aufsicht Karls erstellt wurde.

1569   Karl entgeht nur knapp einem Mordanschlag

1570   Visitationen in der Schweiz. Reise über St. Gallen, Einsiedeln, Sachseln und Hohenems.

1572   Nach dem Tode Pius V. Romreise zum Konklave, das Gregor XIII. zum Papst wählt.

1574/75 Romaufenthalt zum Heiligen Jahr

1576   Während der Pest steht Karl der Bevölkerung von Mailand bei

1578   Karl verehrt zum ersten Mal das Grabtuch Christi in Turin

1579   Gründung der Priestergemeinschaft der ›Oblaten des hl. Ambrosius‹ in Mailand

1581   Große Visitationsreise durch die Schweiz: Besucht werden u. a. Arona, Bellinzona, St. Gotthard, das Leventinertal.

1582   Veröffentlichung von Karls Gesetzgebungswerk, die Mailänder Kirchenakten.

1584   Erkrankung. Pilgerfahrt nach Turin. Karl stirbt am Abend des 3. November in Mailand.

1610   Heiligsprechung durch Papst Paul V. in St. Peter am 1. November

Papst Johannes XXIII. über Karl Borromäus in seiner Ansprache nach der Wahl zum Papst

»Erlaubt Uns schließlich, Ehrwürdige Brüder und geliebte Söhne, einen Gedanken auszusprechen, der Uns besonders lieb und teuer ist wegen eines überaus glücklichen Zusammentreffens, das Unser Herz als Priester und Bischof zutiefst berührt. Am 4. November, der in Zukunft der Gedenktag der Krönung des neuen Papstes sein wird, feiert die Liturgie der Kirche in jedem Jahr das Fest des heiligen Karl Borromäus.

Die Gestalt dieses Erzbischofs von Mailand, der unter die größten Seelsorger in der Geschichte der Kirche aller Jahrhunderte zu zählen ist, war und bleibt Unserem Geiste vertraut. War es doch bei der kostbaren Reliquie seines Herzens, die in Rom in der ihm geweihten Kirche am Corso verehrt wird, wo Wir vor 34 Jahren die Bischofsweihe empfingen.

Das Leben der Kirche unseres Herrn hat Auf- und Niedergänge erlebt. In einer dieser Zeiten hat die Vorsehung dem heiligen Karl Borromäus die hohe Aufgabe vorbehalten, in außergewöhnlicher Weise bei der Wiederherstellung der kirchlichen Ordnung mitzuhelfen. Durch seine Mitarbeit bei der Durchführung der Tridentinischen Reform und durch das Beispiel, das er in Mailand und in vielen Bistümern Italiens gab, erwarb er sich den ehrenvollen Namen eines Lehrers der Bischöfe, sowie er Ratgeber der Päpste und ein herrliches Beispiel bischöflicher Heiligkeit war.

Im Verlauf des feierlichen Ritus der Papstkrönung ist es erlaubt, in einer eigenen Litanei die Namen der Heiligen einzufügen, denen der neue Papst besondere Verehrung entgegenbringt. Wenn ihr also zur Anrufung kommt Sancte Carole, tu illum adiuva, dann betet mit glühendem Herzen und in Einmütigkeit, um die Wohltat jener Gnaden zu erlangen, die Uns der heilige Karl geben wird. Ihn nennen Wir Unseren Beschützer, und er soll es sein, jetzt und immer. Amen.«

Inhalt

Verzeichnis
der in diesem Buch abgedruckten Dokumente

Karl Borromäus und die Kirche
auf dem Weg vom Spätmittelalter zur Neuzeit

War im ausgehenden Mittelalter der Ruf nach einem Reformkonzil immer lauter geworden, so ließ er sich zu Beginn des 16. Jahrhunderts kaum mehr überhören. Vielen schien die Einberufung eines allgemeinen Konzils der einzig noch mögliche Weg zu sein, um die dringend erforderliche Reform der Kirche an Haupt und Gliedern durchzuführen. »Alles schreit: Konzil, Konzil!« meldete der päpstliche Nuntius 1521 nach Rom. Dennoch sollten noch über zwei Jahrzehnte des Zögerns und Abwartens vergehen, bevor sich schließlich im Jahre 1545 die Konzilsväter in Trient versammelten. Das Konzil tagte in drei Perioden von 1545 bis 1547, von 1551 bis 1552 und von 1562 bis 1563. Immer wieder hatte es wegen Pest, Krieg und politischen Wirren unterbrochen werden müssen. Als Papst Pius IV. am 26. 1. 1564 die Beschlüsse von Trient endgültig bestätigte, hatte die langersehnte Epoche der Erneuerung der Kirche ›von oben‹ bereits begonnen.

Leben und Wirken von Karl Borromäus sind mit dem Trienter Konzil untrennbar verbunden. Grund dafür ist nicht allein die Tatsache, daß Karl Borromäus von Rom aus in der Funktion des Kardinalstaatssekretärs unmittelbar in die Schlußphase des Konzils einbezogen war. Es ist vor allem die reformerische Arbeit als Erzbischof von Mailand, die seine kirchenhistorische Bedeutung begründet. Dort in Mailand setzte er sich mit großer Entschiedenheit für die Durchführung der Trienter Reformdekrete ein und wurde damit ein ›Leitbild für die Reform der Kirche‹ nach dem Trienter Konzil.

Das Tridentinum gehört mit dem Vaticanum I (1869–1870) und dem Vaticanum II (1962–1965) zu den drei ökumenischen Konzilien der Neuzeit. Ökumenisch heißen sie deshalb, weil alle an der hierarchischen Kirchenleitung beteiligten Personen als Konzilsväter teilnehmen. Ein solches Konzil übt die oberste Leitungs- und Lehrgewalt der Gesamtkirche aus. Im Zusammenwirken mit dem Papst erlangen die Konzilsbeschlüsse ihre Gültigkeit, wohingegen der Papst auch alleine – ohne ein Konzil – die oberste Leitungs- und Lehrgewalt ausüben kann. In dieser Form ist der jahrhundertelange Streit über das Verhältnis von Papst und Konzil auf dem Tridentinum endgültig entschieden worden. Die Unfehlbarkeit des Papstes bei bestimmten Lehrentscheiden in Glaubens- und Sittenfragen ist dann über 300 Jahre später auf dem Vaticanum I dogmatisch beschrieben worden.

Abgrenzung der katholischen Glaubenslehre von anderslautenden Lehrmeinungen; insbesonders ging es um eine klare Abgrenzung gegenüber den Lehrsätzen Luthers und Zwinglis, die bereits weite Verbreitung gefunden hatten. Zum anderen sollte das Konzil vor allem aber auch der Reform der innerkirchlichen Zustände dienen, die dringend einer religiösen und sittlichen Erneuerung bedurften. Ein besonderes Problem zu Beginn des Konzils bestand in der Weigerung der Reformierten, in Trient teilzunehmen. Sie zweifelten grundsätzlich an der Autorität eines allgemeinen Konzils, das vom Papst berufen und geleitet wird. Auch forderten sie eine deutsche Stadt als Tagungsort. Der Plan Kaiser Karls V. (1519–1556), zunächst die deutschen Protestanten des Schmalkaldischen Bundes militärisch zu besiegen, um sie dann zur Beschickung des Konzils zwingen zu können, war gescheitert. Das Konzil begann noch vor Kriegsbeginn ohne Mitwirkung der Protestanten. In den ersten Sitzungen der Jahre 1546/47 war bereits über dogmatische Fragen und Reformen der kirchlichen Disziplin beraten worden. Man zog eine klare Grenze zu den lutherischen Gedanken in bezug auf Tradition, Erbsünde, Rechtfertigung, Sakramente, Ablaßwesen und Fegefeuer. Als ein militärischer Sieg des Kaisers über die Protestanten schon in Aussicht stand, verlegte sich das Konzil von Trient in die päpstliche Stadt Bologna. Damit war eine Teilnahme der Protestanten aber erst recht außer Reichweite gerückt, da Bologna von ihnen aus Sicherheitsgründen als Tagungsort abgelehnt wurde. Die zweite Phase war noch kürzer: Das Konzil mußte nach seiner Wiederaufnahme im Mai 1551 bereits im April 1552 vorläufig wieder beendet werden. Zu einer Einigung mit den Protestanten war es wieder nicht gekommen; wohl fielen neue dogmatische Entscheidungen über die Lehre von der Eucharistie und vom Bußsakrament.

Pius IV. war nun zur Beendigung des Konzils entschlossen. Im Jahre 1560 stand er zunächst vor der schwierigen Aufgabe, die Zustimmung der Mächte zu erlangen. Diese hing vorrangig von der Frage ab, ob der Papst das Konzil als Fortsetzung der bisherigen Tagungen verstanden wissen wollte oder aber als Neubeginn, wobei in diesem Falle die Beschlüsse der früheren Sitzungen, die vom Papst ja noch nicht formal bestätigt waren, nicht bindend gewesen wären. Kaiser Ferdinand I. (1556–1564) und König Philipp II. (1556–1598) von Spanien standen sich in dieser Frage als Hauptgegner gegenüber: Der Kaiser bestritt die bindende Autorität der bereits gefällten Entscheidungen, während der König an ihr festhielt. Nur nach langen und mühseligen Verhandlungen gelang eine Einigung, durch die beide Parteien zufriedengestellt werden konnten und das Konzil beschickten.

Der Weg zum Konzil von Trient – das ist zugleich der kirchengeschichtliche Hintergrund, vor dem das Wirken von Karl Borromäus sein Profil gewinnt. So läßt sich etwa die Bedeutung seiner Priesterseminargründungen ohne eine Vorstellung vom Bildungsniveau des damaligen Klerus kaum ermessen. Ähnlich verdeutlicht ein Blick auf das damalige Pfarr- und Ordensleben die Notwendigkeit von Karls Visitationsreisen, die den Erzbischof von Mailand bis zu den entlegensten Alpendörfern seiner großen Diözese führte.

Dunkle und helle Töne bestimmten zu jeder Zeit das Bild der Kirche. Daß in manchen Epochen der Geschichte das Menschliche und Allzumenschliche in der Kirche besonders deutlich hervortrat, ist freilich immer auch ein apologetisches Argument für den göttlichen Kern der Kirche gewesen: Die Kirche besteht – ›trotzdem‹!

Indessen war eine umfassende innere Erneuerung der Kirche zur Zeit Karls längst fällig geworden. Das Papsttum hatte das Spätmittelalter hindurch in einer tiefen Krise gesteckt. Das Exil von Avignon (1309–1376), auch ›babylonische Gefangenschaft der Kirche‹ genannt, hatte dem Ansehen des universalen Papsttums stark geschadet. Papst Klemens V. hatte seine Residenz wegen der unsicheren Verhältnisse in Italien nach Avignon verlegt und geriet dort unter den Einfluß des französischen Königs. Die französischen Päpste wurden auch in der Folgezeit weitgehend zu Werkzeugen der französischen Politik. Erst der sechste Papst von Avignon, Gregor XI., ließ sich – vornehmlich durch die eindringlichen Worte der Hl. Katharina von Siena – zur Rückkehr nach Rom bewegen.

Das große Abendländische Schisma 1378–1417 war eine weitere harte Prüfung für die Kirche: Zwei Päpste residierten gleichzeitig in Rom und Avignon und exkommunizierten sich gegenseitig. Nach dem Konzil von Pisa (1409) kam sogar noch ein dritter Papst hinzu und erst auf dem Konstanzer Konzil (1414–1418) gab es in Martin V. wieder einen unbestritten rechtmäßigen Oberhirten der Kirche.

Zu jener Zeit wurde durch die Renaissance und den Humanismus ein neues Lebensgefühl grundgelegt, das die Einheit des abendländisch-christlichen Weltbildes schließlich sprengte. Die Anfänge dieser Geistesbewegungen, die mit dem Rückgriff auf die neu erschlossene Antike ein neues Lebensideal proklamierten, werden unterschiedlich angesetzt. Geboren im Italien des 14. Jahrhunderts ergriff die Humanismusbewegung auf dem Weg über Deutschland nahezu ganz Europa. Sie vereinigte sehr verschiedene Geisteshaltungen: Man spricht vom ›christlichen‹ wie vom ›innerweltlichen‹ Humanismus, kennt den Humanismus als ›kirchliche Reformbewegung‹ ebenso wie als ›antichristliche Geistesrichtung‹. Kennzeichnend ist jedenfalls der Drang nach persönlicher Entfaltung und freierer Lebensgestaltung, der sich auf alle Lebensbereiche auswirkte. Er war nicht zuletzt eine Reaktion auf das vielfach erstarrte mittelalterliche Gesellschaftsgefüge und seine Bindungen.

Im Zentrum des neuen Lebensgefühls steht die Freiheitsforderung für die Einzelpersönlichkeit. Für sich genommen war diese Forderung der überlieferten christlichen Auffassung durchaus nicht entgegengesetzt. Demnach besitzt der einzelne als Person tatsächlich Eigenwert und unveräußerliche Freiheitsrechte. Als Geschöpf Gottes erfüllt sich seine Freiheit in der selbstgewollten Bindung an den Schöpfer. Doch zum Erwachen des Kraftbewußtseins und der Eigenwilligkeit der Einzelpersönlichkeit gesellte sich nun eine ›Autonomieerklärung‹ des Menschen. Gefordert wurde das ›autonome und autarke Individuum‹, für das ›Freiheit‹ und ›Bindungslosigkeit‹ häufig Synonyme waren. Ein religiöser Subjektivismus beschleunigte die Lösung des einzelnen von der Autorität der Kirche und bedingte die fortschreitende Trennung von Kultur und Kirche in der Folgezeit. Damit begann sich bereits die neuzeitliche Tendenz zur ›Privatisierung der Religion‹ abzuzeichnen: Der sich auf eine göttliche Sendung berufenden Kirche wird der Einfluß auf das öffentliche Leben bestritten, er soll auf das Privatleben des Menschen beschränkt bleiben. Der tiefgreifende Einfluß von Renaissance und Humanismus auf das neuzeitliche Lebensgefühl, insbesonders auf die Aufklärung des 17. und 18. Jahrhunderts mit dem Glauben an die sich selbst genügende Vernunft, ist kaum zu überschätzen.

Das neue Lebensgefühl hatte auch vor dem römischen Bischofsstuhl nicht haltgemacht. Den meisten ›Renaissancepäpsten‹, die für ein knappes Jahrhundert an der Schwelle zur Neuzeit die Kirche regierten, mangelte es an der nötigen Sorge für die Kirche. Statt dessen widmeten sie sich im Zuge der neuen Renaissancekultur Kunstwerken und Prachtbauten und ließen sich in die italienischen Machtkämpfe unheilvoll hineinziehen. Die Blütezeit von Kunst und Wissenschaft in Rom ging Hand in Hand mit einem verweltlichten Lebenswandel der Kirchenleiter. Die Kurie war nicht selten durch finanzielle Verstrickungen und Vetternwirtschaft (Nepotismus) korrumpiert.

Verhängnisvoll war auch, daß der Adel in ganz Europa nahezu alle Bischofssitze und andere höhere geistliche Ämter erworben hatte und damit seinen Handel trieb. Die Aristokratie betrachtete teilweise die Kirche als Versorgungsanstalt für nachgeborene Söhne und Töchter. Der hohe Klerus lebte von seinen angehäuften Pfründen, während die pastoralen Pflichten – darunter auch die Pflicht der Bischöfe zur Residenz in ihrer Diözese – vielfach unerledigt blieben. Die ›Junker Gottes‹, wie sie im Volksmund auch genannt wurden, verfügten über eine alles in allem nur als mangelhaft zu bezeichnende theologische Ausbildung, die sie in Klöstern und Domsingschulen oder durch die Pfarreiseelsorger erhalten hatten. Manche von ihnen konnten kaum die Messe richtig feiern und viele hatten nicht einmal die höheren Weihen empfangen. Die sittliche Lebensführung ließ häufig genug zu wünschen übrig. Nicht wesentlich anders war es beim niederen Klerus, der überdies noch hoffnungslos verarmt war. Auch viele Ordensgemeinschaften waren durch Reichtum und Sittenlosigkeit verweltlicht.

Besorgniserregend war das religiöse Leben im Volk. Im Spätmittelalter ist hier eine fortschreitende Veräußerlichung zu beobachten. Die Frömmigkeit entartete in weiten Bevölkerungskreisen zu Aberglauben und Wundersucht und entbehrte häufig der nötigen Glaubensbildung. Die Ordnung der Liturgie zerbröckelte und das religiöse Leben wucherte in einer Unzahl privater Frömmigkeitsübungen.

Karl Borromäus stand also vor großen Aufgaben, als er im Jahre 1565 seine Arbeit als Erzbischof von Mailand aufnahm. Seine reformerische Tätigkeit dort rückt ihn in eine Reihe mit den Männern und Frauen der Kirche, die sich bereits vor dem Trienter Konzil für eine innere Erneuerung der Kirche eingesetzt haben. Doch hatten sie in aller Regel keinen Einfluß auf die gesamte Kirche gewinnen können. Das war erst möglich geworden, als im 16. Jahrhundert das Papsttum Träger der Reform wurde – zu spät, möchte man sagen, denn mittlerweile hatten bereits Luthers Thesen 1517 eine innerkirchliche Revolution in Gang gesetzt, die statt der erhofften ›Reform an Haupt und Gliedern‹ die Glaubensspaltung brachte, die 1555 durch den Augsburger Religionsfrieden besiegelt wurde.

Nur einige Reformer auf dem Weg zum Konzil von Trient seien hier genannt. Als ›Pförtner der Neuzeit‹ hat man den Kardinal Nikolaus von Kues (1401–1464) bezeichnet. Der Sohn eines Moselschiffers war gleichzeitig Philosoph, Theologe, Mathematiker, Historiker, Geograph, Astronom und Kirchenpolitiker. Seine umfassende Bildung paarte sich mit echter Frömmigkeit. Als päpstlicher Legat durchzog er predigend und reformierend ganz Deutschland und trat besonders dem Ablaßmißbrauch entgegen. Für den Humanistenpapst Pius II. (1458–1464) fertigte er den Entwurf einer Generalreform zur Erneuerung der ganzen Kirche an, von der päpstlichen Kurie angefangen bis hin zum kleinsten Kloster.

Einer der größten Sittenprediger des Mittelalters war Johann Geiler von Kaysersberg (1445–1510), der seit 1478 in Straßburg die Erneuerung der Kirche predigte. Das (allerdings wesentlich radikalere) italienische Gegenstück war der Dominikaner Girolamo Savonarola (1452–1498). Er predigte im Stil der alttestamentlichen Propheten und geißelte insbesondere den Sittenverfall am päpstlichen Hof, weswegen Papst Alexander VI. ihn exkommunizierte. Die Stadt Florenz ließ ihn als Häretiker und Schismatiker hängen und verbrennen. Die Orthodoxie seiner Lehre wurde jedoch im Jahre 1558 ausdrücklich bestätigt. Er hat sich vom Dogma der Kirche nicht abgewendet und kann deshalb auch nicht in einer Reihe mit Wiclif und Hus gestellt werden. Johannes Capestrano (1386–1456) schließlich war einer der größten franziskanischen Wanderprediger des 15. Jahrhunderts. Mit Savonarola und Capestrano sind bereits reformwillige Männer im Ordenswesen angesprochen. Nur erwähnt seien in diesem Zusammenhang die Männer der Devotio moderna, jener Erneuerungsbewegung des 14./15. Jahrhunderts, die von dem niederländischen Buß- und Reformprediger Gerhard Groote (1340–1384) und den ›Brüdern vom gemeinsamen Leben‹ begründet worden war. In ihrem Geiste verfaßte Thomas von Kempen (1380–1441) um 1420 die ›Nachfolge Christi‹.

Wie die Devotio moderna zielten auch die Windesheimer, die Bursfelder und die Melker Kongregationen auf die klösterliche Erneuerung im Geiste der verinnerlichten Christus-Nachfolge. Von der 1335 gegründeten Kölner

Kartause erging der flammende Aufruf des Priors Blomevenna an den reformscheuen Medici-Papst Klemens VII. (1523–1534), doch endlich das notwendige allgemeine Konzil einzuberufen.

Schon vor der Reformation hatten im 16. Jahrhundert neue Orden mit der Reform der Kirche begonnen. Johann Peter Caraffa, der spätere Paul IV. (1555–1559), gründete zusammen mit Cajetan von Tiène im Jahre 1524 den Theatinerorden, dessen Ziel die Reform des Klerus im Geiste franziskanischer Armut und strenger Askese war. Vier Jahre später begründete der Franziskaner Matthäus von Bascio die Kapuziner, einen neuen strengeren Zweig des Franziskanerordens. Zusammen mit den Theatinern und den von Ignatius von Loyola (1491–1556) ins Leben gerufenen Jesuitenorden trieben die Kapuziner die Reform der Kirche entschieden voran.

Hadrian VI. (1522–23) war Niederländer von Geburt und noch von der Devotio moderna geprägt. Als erster von den reformbeseelten Päpsten des 16. Jahrhunderts trat er in seinem kurzen Pontifikat den Mißständen am päpstlichen Hof entschieden entgegen. Auf dem Nürnberger Reichstag ließ Hadrian durch seinen Legaten Franz Chiergati am 3. Januar 1523 das berühmte Schuldbekenntnis ablegen. Die Anweisung des Papstes an seinen Legaten wirft noch einmal ein Schlaglicht auf die kirchlichen Verhältnisse jener Zeit:

»Du (nämlich der päpstliche Legat) sollst auch sagen, daß wir es frei bekennen, daß Gott diese Verfolgung der Kirche geschehen läßt wegen der Menschen und sonderlich der Priester und Prälaten Sünden; denn gewiß ist die Hand des Herrn nicht verkürzt, daß er uns nicht retten könnte, aber die Sünde scheidet uns von ihm, so daß er uns nicht erhört. Die Hl. Schrift verkündet laut, daß die Sünden des Volkes in den Sünden der Geistlichkeit ihren Ursprung haben; deshalb ging, wie Chrysostomus hervorhebt, unser Heiland, als er die kranke Stadt Jerusalem reinigen wollte, zuerst in den Tempel, um vor allem der Priester Sünden zu strafen, gleich einem guten Arzt, welcher die Krankheit in der Wurzel heilt. Wir wissen wohl, daß auch bei diesem hl. Stuhl schon seit manchem Jahr viel Verabscheuungswürdiges vorgekommen, Mißbräuche in geistlichen Sachen, Übertretungen der Gebote, ja, daß alles sich zum Argen verkehrt hat. So ist es nicht zu verwundern, daß die Krankheit sich vom Haupt auf die Glieder, von den Päpsten auf die Prälaten verpflanzt hat.

Wir alle, Prälaten und Geistliche, sind vom Weg des Rechtes abgewichen und es gab schon lange keinen einzigen, der Gutes tat. Deshalb müssen wir alle Gott die Ehre geben und uns vor ihm demütigen; ein jeder von uns soll betrachten, weshalb er gefallen, und sich lieber selbst richten, als daß er von Gott am Tage seines Zornes gerichtet werde. Deshalb sollst Du in unserem Namen versprechen, daß wir allen Fleiß anwenden wollen, damit zuerst der Römische Hof, von welchem vielleicht alle die Übel ihren Anfang genom-

Margherita de Medici mit den Kindern Karl (im Hintergrund), Federico und Isabella

Papst Hadrian VI. (1522–1523)

men, gebessert werde; dann wird, wie von hier die Krankheit ausgegangen ist, auch von hier die Gesundung beginnen.

Solches zu vollziehen, halten wir uns um so mehr verpflichtet, weil die ganze Welt eine solche Reform begehrt. Wir haben nicht nach der päpstlichen Würde getrachtet und hätten unsere Tage lieber in der Einsamkeit des Privatlebens beschlossen; gerne hätten wir die Tiara ausgeschlagen; nur die Furcht vor Gott, die Legitimität der Wahl und die Gefahr eines Schismas haben uns zur Übernahme des obersten Hirtenamtes bestimmt. Wir wollen deshalb verwalten nicht aus Herrschsucht, noch zur Bereicherung unserer Verwandten, sondern um der hl. Kirche, der Braut Gottes, ihre frühere Schönheit wiederzugeben, den Bedrückten Beistand zu leisten, gelehrte und tugendhafte Männer emporzuheben, überhaupt alles zu tun, was einem guten Hirten und wahren Nachfolger des hl. Petrus zu tun gebührt.

Doch soll sich niemand wundern, daß wir nicht mit einem Schlage alle Mißstände beseitigen; denn die Krankheit ist tief eingewurzelt und vielgestaltig. Es muß daher Schritt für Schritt vorgegangen und zuerst den schweren und gefährlichen Übeln durch die rechten Arzneien begegnet werden, um nicht durch eine übereilte Reform aller Dinge alles noch mehr zu verwirren. Mit Recht sagt Aristoteles, daß jede plötzliche Veränderung einem Staatswesen gefährlich ist.«

Hadrians Schuldbekenntnis ist eine Herausforderung zur umfassenden Reform gewesen, die das Trienter Konzil gut zwei Jahrzehnte später annahm. Damit fanden die Reformrufe, die das ganze Spätmittelalter hindurch nicht verhallt waren, die gebührende Resonanz. Zugleich setzte nun mit Karl Borromäus ein wahres ›Jahrhundert der Heiligen‹ ein, in dem die Kirche wieder eine innere Festigung erlangen konnte.

Christian Geyer

Grundlegende Literatur:
  Jedin, Hubert (Hrsg.), Handbuch der Kirchengeschichte, Bd. 1–7, Freiburg/Basel/Wien 1962–79 (Bd. 3.2, ²1979 und Bd. 4, ²1976).
  Lortz, Joseph, Geschichte der Kirche in ideengeschichtlicher Betrachtung, Bd. 1–2, Münster ²²1965.
Zur Schlußperiode des Trienter Konzils:
  Jedin, Hubert, Krisis und Abschluß des Trienter Konzils 1562/63, Ein Rückblick nach vier Jahrhunderten, Freiburg 1964.
Das ›Schuldbekenntnis‹ zitiert bei:
  Deichstetter, Georg (Hrsg.), Caritas Pirckheimer, Festschrift zum 450. Todestag, Köln 1982, S. 16f.

Kindheit und Jugend –
vom Lago Maggiore nach Pavia

Die Geburt des Karl Borromäus am 2. Oktober 1538 auf der Burg von Arona wird von den Biographen nicht ohne Prophezeiungen und Wunderberichte dargestellt. Ein Gemälde zeigt den jungen Adligen mit seiner Mutter und seinen beiden älteren Geschwistern in der Kleidung der vornehmen Gesellschaft von damals. Karl erscheint hier noch schüchtern, zurückhaltend, ein wenig verträumt.

Arona liegt am südlichen Westufer des Lago Maggiore. Über der Stadt ragen noch die Ruinen der Burg auf, die ehemals die Familie Borromeo besaß. Von der Anhöhe aus genießt man einen herrlichen Ausblick über den See; nach Süden schaut man weit in die lombardische Ebene hinein, während sich im Rücken die schneebedeckten Tessiner und Walliser Alpen erheben. Schon seit 1439 war der heute keine 20000 Einwohner zählende Ort in der italienischen Provinz Novara im Besitz der Familie Borromeo. Seit dem 11. Jahrhundert wurde Arona von den Mailänder Erzbischöfen verwaltet, bevor es an die lombardische Adelsfamilie der Visconti kam. Erst im 18. Jahrhundert löste dann das Königreich Sardinien die Borromeos in der Besitzfolge ab. In dieser Gegend erinnert heute noch vieles an Karl Borromäus und seine Familie: die borromäischen Inseln (Isola Bella, Isola Madre, Isola Piscatore), Kapellen und Kirchen und das große Gebiet des Monte di San Carlo, in dem seewärts das Seminar, der Platz und die Kirche seinen Namen tragen; alles wird überragt von der Kolossalstatue, die allgemein ›San Carlone‹ genannt wird. Ein monumentales Erinnern an Carlo Borromeo.

Für den heranwachsenden Knaben war wie bei jedem Kind die Anwesenheit der sorgenden und liebenden Mutter das Wichtigste. Karl erfuhr keine zehn Jahre ihre Erziehung. Margareta von Medici, Schwester des späteren Papstes Pius IV., führte ein zurückgezogenes, gänzlich der Familie gewidmetes Leben. Sie wird großen Einfluß auf ihre Kinder Isabella, Federico und Carlo ausgeübt haben, Einzelheiten sind jedoch kaum überliefert. Für Karl waren es die entscheidenden Jahre der Kindheit und der beginnenden Studien. In diesen Jahren muß er neben allgemeinbildendem Unterricht auch Musikstunden erhalten haben – er spielte Laute und Cello und wird als guter Musiker bezeichnet. Der Vater war Graf Giberto II., der die Regierungsgeschäfte auf der Burg Arona führte. In ihm hatte Karl das nachhaltigste Vorbild. Er sah ihn häufig im Gebet und wie er den Armen und Bedürftigen Wohltaten erwies. Celier würdigt Giberto als eine anziehende Gestalt, deren hervorstechendste Züge die Frömmigkeit und die Barmherzigkeit gewesen seien. Von Giberto übernahm Karl schon in jungen Jahren das Breviergebet; an seinem Vater erlebte Karl das vorgeschriebene Fasten,

Die Ruine der Burg von Arona. Hier, im ›Zimmer der drei Seen‹,
erblickte Karl am 2. Oktober 1538 das Licht der Welt.

den Besuch der liturgischen Feiern, den Empfang der heiligen Kommunion
an Wochentagen. Graf Gibertos Gottesliebe befähigte und drängte ihn zu
ständiger Nächstenliebe. 1530 hatte er Margareta von Medici geheiratet.
Beide führten ein stilles, frohes Familienleben mit ihren Kindern, doch beiden war kein langes Leben beschieden. Margareta starb 1547, Giberto elf
Jahre später, 1558.

Karl liebte seine Geschwister. Er hat sie in schweren Stunden der Krankheit und des Sterbens besucht, auch wenn die Reisen mit großen Anstrengungen auf weiten Wegen verbunden waren. Isabella, seine älteste Schwester, wurde Ordensfrau in Mailand mit dem Klosternamen Sr. Corona. Der
ältere Bruder Federico, ehrgeiziger im Wesen und ganz anders als Karl, war
bestrebt, der Familie den Fortbestand zu sichern; stets empfand er eine gewisse Überlegenheit in seinem jüngeren Bruder Karl. Außer diesen beiden
Geschwistern hatte Karl noch vier Halbgeschwister aus der zweiten Ehe
seine Vaters: Camilla, Hieronyma, Anna und Hortensia.

Der 13. Oktober 1545 war ein besonderer Tag im Leben des Siebenjähri-
gen. In Mailand erhielt er von Bischof Simonetta Tonsur und Talar, womit
er zum geistlichen Beruf bestimmt war. Immer deutlicher sollte sich im
Laufe seines Lebens herausstellen, daß die Fügung seiner Eltern tatsäch-

Blick auf den Monte S. Carlo gegen Nordosten:
Kolossalstatue, Seminar, Kirche, Kapellen auf dem Hügelrücken

lich seinen Neigungen und Anlagen entgegenkam, mehr noch – seiner Berufung entsprach. Fünf Jahre später übertrug ihm sein Onkel die Abtei zu Ehren der Märtyrer Gratianus und Felinus in Arona zur Kommende. Durch die Kommende (lat. commendare = anvertrauen) wurde ein Teil der Einkünfte einer kirchlichen Pfründe meist einem adligen Laien übertragen, der in den Klerikerstand zu wechseln gedachte. Im Unterschied jedoch zu mancherlei Mißbrauch, der mit den Kommenden zu Profitzwecken getrieben wurde, verstand Karl sie ausschließlich als Möglichkeit zum Dienen: »Dies ist Gottes Eigentum und folglich das der Armen«, erklärte er unmittelbar nach der Übernahme des Benefiziums. Die Einkünfte der Abtei zog er denn auch nicht für sich ein, sondern wandte sie den Armen zu. An diese Haltung werden wir uns später erinnern müssen, wenn Karl Borromäus als Reformer hervortreten wird, der sich die Beschlüsse des Konzils von Trient, die ja auch das Kommendewesen betrafen, zu seinem urpersönlichen Anliegen machte.

Die in Arona begonnenen Studien setzte Karl in Mailand fort. Im Palazzo Borromei führte er das vornehme Leben eines jungen Adligen. Unter der Anleitung des hochgebildeten Propstes Bonaventura Castiglione lernte er die Welt der Antike kennen und las die lateinischen Klassiker. Diese Studien waren notwendige Vorbereitungen auf das Universitätsstudium, das dem Kleriker und Adligen zur damaligen Zeit bevorstand.

Die ersten Selbstzeugnisse von Karl Borromäus besitzen wir in seinen Briefen, die er im Alter von 13 bis 22 Jahren geschrieben hat. Sie wurden als die ›Jugendbriefe‹ von Carlo Marcora veröffentlicht. In der Einleitung verweist Marcora auf vorausgegangene Versuche der Briefpublikationen und ediert dann 220 Briefe, die Aufschluß über die Studienjahre in Pavia und die familiären Beziehungen Karls im Jahrzehnt vor der römischen Tätigkeit geben. Die ersten Briefe aus den Jahren 1551 und 1552 schrieb Karl aus Arona und aus Mailand. Sie sind vor allem an Vater und Mutter adressiert (vgl. Seiten 27/28). Der Dreizehn- und Vierzehnjährige beherrscht den konventionellen Briefstil mit den etwas formelhaft anmutenden Anreden, Grüßen und Ehrfurchtsbezeugungen. Aus dem Inhalt spricht die Liebe und Hochschätzung für die Eltern und die feinfühlige Anteilnahme an den kleinen und großen Sorgen der Familie.

Pavia war die am nächsten gelegene Universitätsstadt, wo der junge Student 1554 sein juristisches Studium aufnahm. Die von Kaiser Karl IV. 1361 gegründete Universität war aus einer Akademie hervorgegangen, deren Ursprünge noch auf Karl den Großen zurückgingen. Die Hochschule hatte unter den nahe Pavia geführten Kämpfen zwischen dem deutschen Kaiser Karl V. und dem französischen König Franz I. im Jahre 1525 gelitten, doch zur Zeit Karls gehörte sie wieder zu den bedeutenden Universitäten. Pavia war eine jener älteren Universitäten, an denen Juristen nach dem römischen Recht auf der Grundlage des ›Corpus Juris Civilis‹ des Kaiser Justinian ausgebildet wurden. In Pavia erhielt Karl aber nicht nur eine juristische Ausbildung, sondern – dies festzuhalten ist wichtig – erwarb auch jene juristische Mentalität, mit der er sich später für die Durchführung der Trienter Reformen einsetzte.

Warum Karl seine Briefe bis 1554 mit ›Buonromeo‹ bzw. ›Buonromei‹ unterschrieb, ist letztlich nicht ganz auszumachen. Fest steht jedenfalls, daß sein Trachten zeitlebens dahin ging, ›römisch‹ zu sein. Er liebte die Kirche und den Papst aus ganzem Herzen. Er wollte ein ›guter Römer‹ sein, was für ihn hieß ›sentire cum Ecclesia‹ – mit der Kirche mitfühlen, mit ihr leiden und Freude empfinden. Freilich stand ihm das Menschliche und Reformbedürftige gerade der Kirche seiner Zeit deutlich vor Augen, doch wußte er zugleich um das Göttliche in ihr: Jesus Christus hatte die Kirche gegründet und wirkt im Laufe der Geschichte weiter in ihr – »Ich bin bei euch alle Tage bis zum Ende der Welt« (Mt. 28,20), hatte er verheißen. Deshalb wäre eine distanzierte Einstellung oder ein prinzipielles ›kritisches Hinterfragen‹ für

Cum ad pueritiæ annos perueniſſet totis uirib' humaniorib' litteris incumbit, deinde Ticinū miſſus Ciuiles, atque Canonicas leges audit, poſtremo habitū, uitamq clericalē ſuſcipit.

Eſſendo figliuolo ſi diede allo ſtudio delle lettere humane, dopo' mandato a Pauia ſtudio legge ciuile, e canonicha, e preſe l'abbito Clericale.

2

Karl beim Studium beider Rechte in Pavia

Palazzo Borromeo in Mailand mit dem Denkmal des hl. Karl

Karl undenkbar gewesen: Er liebte die Kirche als die ›Braut Christi‹. Gemäß den Christusworten »Und ich sage dir: Du bist Petrus und auf diesen Felsen will ich meine Kirche bauen und die Pforten der Hölle werden sie nicht überwältigen« (Mt. 16,18), verehrte Karl zeitlebens im Nachfolger Petri auf dem römischen Bischofsstuhl den Stellvertreter Christi auf Erden. Er liebte den Papst – unabhängig von dessen persönlichen Vorzügen oder menschlichen Schwächen –, weil er das von Christus eingesetzte Papstamt bekleidete. Ausdruck seiner Feinfühligkeit gegenüber den Weisungen der Kirche ist beispielsweise die Tatsache, daß er sofort den Vorlesungen an der Universität fernblieb, als er vernommen hatte, daß Empfänger und Besitzer von Benefizien nicht ohne kirchliche Erlaubnis das ›ius civile‹ studieren dürften. Erst nach erlangter Genehmigung setzte er den Besuch der Vorlesungen fort.

Wie in seinem Stand üblich, führte Karl auch als Student in Pavia einen Hof mit Bediensteten, entbehrte aber für sich persönlich oft des nötigen Geldes, wie aus den Briefen hervorgeht, die er aus seinem Studienort schrieb. Der erste Brief aus Pavia an den Vater in Arona ist auf den 8. 11. 1552 datiert, weitere Briefe gingen am gleichen Tag nach Mailand an die Freunde Provaso Contino und Bernardo Brunello, an die er auch in der Folgezeit immer wieder schrieb. Am 8. 11. schickte er auch einen Brief an seinen Onkel Kardinal Angelo de Medici, den er 1551 zu Weihnachten in Melegnano besucht hatte und den er jetzt an der Freude seines Studienanfangs teilnehmen läßt.

Man spürt in den ersten Briefen aus Pavia deutlich, daß für den jungen Karl ein neuer Lebensabschnitt begonnen hat. Von Arona, seinen Kindertagen auf der Burg hat er Abschied genommen und seine Schul- und Lernzeit in Mailand innerlich hinter sich gelassen. An seinen Onkel schreibt er: »Sperando però, che Nostro Sígnor Dio non mi mancherà della gratia sua, senza la quale tutto è nulla...« Er will seine Studien mit Gottes Gnade beginnen, denn ohne Seine Gnade bedeutet ›alles nichts‹.

Das damalige studentische Leben mit seinen Ausschweifungen und Unterhaltungen hat Karl nicht vorbehaltlos bejaht, seine innere Haltung war ernsthafter und zielstrebiger als die vieler seiner Kommilitonen. Seine Gottesliebe befähigte ihn, am Los armer und mittelloser Studenten teilzunehmen. Er begründete 1558 in Pavia ein Kolleg für Studierende, um ihnen zu helfen. Das Collegio Borromeo besteht heute noch, allerdings hat erst der Kardinal Federico Borromeo das von Karl begründete Werk vollenden können. Bei seinen Kommilitonen und Dozenten besaß Karl Borromäus großes Ansehen; sein Lehrer Francesco Alciato zeigte sich beeindruckt von seiner Studienhaltung: »Karl wird große Taten vollbringen und einst in der Kirche glänzen wie ein Stern«, meinte er am 6. Dezember 1559, dem Tage der Promotion zum Doktor beider Rechte bei einer kleinen Laudatio. Sein zurückhaltendes Wesen behielt Karl während der ganzen Studienzeit bei.

Dazu mag auch eine Sprechschwierigkeit beigetragen haben, die er nie ganz überwinden konnte.

Gegen Ende seiner Studienzeit traf Karl noch einmal der Schmerz über den Tod eines geliebten Menschen. Im Sommer 1558 war unerwartet sein Vater verstorben. Nun hatte der kaum Zwanzigjährige zeitweise die Position des Vaters in der Familie zu übernehmen: Er half seinem älteren Bruder bei der Sicherung des Besitzes der Burg Arona und bei der Ordnung der Familienangelegenheiten. Schon hier bewies Karl Borromäus sein organisatorisches Talent, das ihm als künftigem Seelsorger und Reformbischof zugute kommen sollte.

Schriftprobe mit Unterschrift von Karl Borromäus

Brief Karls an seine Mutter

Sehr geehrte Frau Mutter.

Da sich mir eine günstige Gelegenheit bot und mir ein Bote zur Verfügung stand, wollte ich mit diesem Schreiben zu Ihnen kommen und Ihnen gleichzeitig einige Früchte zusenden, die Euer Gnaden mir zuliebe verkosten mögen.
Sehen Sie, bitte, nicht auf die Geringfügigkeit dieser Gabe – es wäre mir wirklich viel lieber, Ihnen etwas Großes zu schicken, wenn ich Besseres gefunden hätte –, sondern nehmen Sie meinen guten Willen an, da ich kein anderes Geschenk für Sie bekam.
Im übrigen seien Sie ganz sicher, daß mir stets angenehm sein wird, was immer Sie mir, Ihrem ergebenen Sohn und liebenden Diener, befehlen mögen. Nun bleibt nur noch übrig, Euer Gnaden ehrfurchsvoll die Hand zu küssen und mich Ihnen zu empfehlen. Stets werde ich für Sie zu Gott unserem Herrn beten, Er möge Ihnen Ihre Gesundheit erhalten.
Aus Pavia am 6. Dezember 1553
Euer Gnaden ergebener Sohn und Diener
Carlo Buonromei

Ill. re. Sig. ra Madre.

Havendo commodo messo ho voluto visitare V.S. conquesta mia breve et insieme li mando questi pochi frutti, li quali V.S. serè contenta godere per amor mio, et quella non voglia riguardare al picciol dono, che in vero s'havesse trovato di meglio, più voluntieri havrei mandato, però non potendo altro pregherò V.S. voglia accettare il buon' animo mio tenendo per certo, ch'ogni volta, ch'io la potro servire in cosaa alcuna c'havrò gratissimo quanto sia possibile ch'ella mi voglia comandare, com'a buon figliuolo et amorevole servitore. Altro non mi resta dire salvo che a V.S. Ill.re humilimente bascio le mani et reverentemente mi raccomando pregando sempre 'l nostro Signor Iddio, che in sanità longamente la conservi.
Da Pavia 'li 6. di Decembre 1553
Di V.S. Ill.ma
Humile figliuolo et servitore
Carlo Buonromei

Übersetzt in der Benediktinerinnen-Abtei St. Hildegard, Eibingen

Letzter Brief Karls an seinen Vater

An den durchlauchtigsten Herrn,
meinen hochverehrten Vater,
den Grafen Giberto Buonromei
Mailand

Durchlauchtigster, hochverehrtester Vater.
Mit diesem Brief möchte ich Ihnen mitteilen, daß die Ferien sich nähern. Von heute an bis zum Ende des Studienjahres werden nur noch sechs Vorlesungen gehalten. Die diesem Sonntag folgende Woche ist dem Doktorat des Rektors gewidmet. Ich habe erfahren, daß die Ankunft des Kardinals bevorsteht. Es ist meine Absicht, ihm nach Mailand entgegenzukommen, in der Überzeugung, daß das auch Euer Gnaden Meinung ist.
Dann fiel mir ein, daß Sie, hochverehrter Herr Vater, die Pferde brauchen werden, Sie erwarten ja den Herzog von Sessa. So möchte ich Ihnen damit keine Mühe bereiten: Ich werde mir Pferde besorgen und nach Mailand kommen, ohne mich weiter anzumelden.
Aus Pavia, am 14. 7. 1558
Euer Gnaden gehorsamster Sohn und Diener
Carlo Buonromei

All' Ill. Sig.r Mio e Padre Oss. mo
Il Sig.r Conte Giberto Buonromei
Milano

Ill. Sig.r Padre Oss. mo
Per questa mia ho voluto avisar V. S. che essendo vicino le vacantie a tal che non si leggerà da qui al fine del Studio più di sei Lettioni passato che sia Dominica per rispetto delle vacantie si danno la settimana che viene per il Dottorato del Rettore e sapendo anche esser vicina la venuta del Cardinale, ho pensato di venir a Milano, accio li possa andar incontra, sì come so, che sarà mente di V. S. però perchè penso, che V. S. havrà bisogno dell Cavalli per rispetto della venuta del Duca di Sessa, non li darò fastidio di Cavalli, ma mi provedere qui, et sarò a Milano non havendo altro aviso. Conquesto le bascio le manè, pregando il Sig.r Iddio la conservi.
Da Pavia li 14 Luglio 1558
Di V. S. Ill.
Obedientissimo figliuolo et servitore
Carlo Buonromei

Übersetzt in der Benediktinerinnen-Abtei St. Hildegard, Eibingen.

Karls vatikanische Dienste
und die ›Vatikanischen Nächte‹

Kaum ein Monat war seit der Promotion vergangen, als Karl Borromäus Mitte Januar 1560 nach Rom gerufen wurde. Dort war sein Onkel, Kardinal Johannes Angelo de Medici, nach langem, vier Monate währenden Konklave zum Nachfolger des Carafapapstes Paul IV. gewählt worden. Die Bedeutung des neuen Papstes Pius IV. für die Reform der Kirche ist kaum zu überschätzen. Fest steht, daß der Abschluß des Trienter Konzils im wesentlichen sein Werk gewesen ist und auch den Hauptinhalt seines Pontifikats ausmachte.

Rückschauend erkannten viele Zeitgenossen und Biographen den Weg Karls nach Rom als eine bedeutsame Fügung für die Kirche. Giussano schreibt sogar: »Gott hat den Papst Pius IV. nur auf den Stuhl Petri erhoben, damit der heilige Karl seinen Wirkungskreis für die Kirche und das Erzbistum Mailand bekam.«[1] Wenn man bedenkt, daß Papst Gregor XIII. Karl Borromäus ›die Fackel in Israel‹ nennt und Papst Clemens VIII. von Karl Borromäus als dem ›großen Licht der heiligen Kirche‹ spricht,[2] so erkennt man die Bedeutung dieser Reise von Mailand nach Rom, durch die für die Kirche im Zeitalter äußerer und innerer Schwächen wirksame Reformen angebahnt und ermöglicht werden sollten. Karl Borromäus blieb sechs Jahre in vatikanischen Diensten.

Der im Dezember 1559 gewählte und am Epiphanie-Tag 1560 gekrönte Papst berief seinen Neffen Karl zum engsten Mitarbeiter, der schon bald die Funktionen des Kardinalstaatssekretärs übernahm. Sofort nach seiner Ankunft in Rom bekam Karl seine Wohnung im Vatikan zugewiesen, ein gebührender Hofstaat wurde installiert, und Geschenke von Freunden bereicherten die Lebensführung zu Beginn der vatikanischen Tätigkeit. Karl Borromäus hatte täglich arbeitsmäßig direkt mit dem Papst zu tun: Briefe, Anfragen, Bittgesuche gingen durch seine Hände.

Von Anfang an war er in die höchsten vatikanischen Dienste einbezogen worden und hatte die Stellung eines hohen Prälaten inne. Die Verantwortungsbereiche weiteten sich aus: Er wurde Apostolischer Protonotar, Referendarius der Päpstlichen Signatur, Mitglied der Consulta und einer Reformkommission für die Universität und wurde schließlich beauftragt, an den Sitzungen der Kongregationen teilzunehmen.

Am 31. Januar 1560 wurde Karl Borromäus ins Kardinalskollegium aufgenommen. Damit erhielt er den Diakonatstitel von St. Vitus und Modestus. Die Übergabe des Kardinalshutes an den jungen verantwortungsbewußten Neffen des Papstes haben zeitgenössische und spätere Künstler in zahlreichen Gemälden gewürdigt. Die Subdiakonats- und Diakonatsweihe empfing Karl Borromäus noch im gleichen Jahr, am 21. Dezember. Die Berichte seiner Biographen über die römische Zeit versäumen nicht auszumalen, daß Karl zunächst ganz und gar wie ein Adliger und Renaissancefürst im Vatikan lebte. An seinen materiellen Gütern ließ er auch seine Familie teilhaben. Eine seiner Schwestern feierte 1565 ihre Hochzeit im Vatikan: Unter Mitwirkung des Papstes wurde ein großes Fest anläßlich der Vermählung des Prinzen Hannibal von Hohenems mit Karls jüngster Schwester Hortensia gefeiert.

Fünf Jahre vorher hatte es bereits drei Hochzeiten in einem Jahr aus der Familie Borromeo gegeben, die für Karl immer wieder Anlaß zu großer Freude gewesen sind. Im ersten Jahr seiner römischen Tätigkeit heiratete seine Schwester Camilla den Grafen von Guastalla, Cesare Gongaza. Ebenfalls 1560 vermählte sich Hieronyma mit dem Fürsten von Venesa, Fabrizio Gesualdo, und sein Bruder Federico feierte seine Hochzeit mit Virginia della Rovere aus dem Hause Urbino.

Am 7. Februar 1560 übertrug ihm der Papst die Verwaltung der Diözese Mailand als Administrator mit Sitz in Rom. Karl war zu dieser Zeit weder Priester noch Bischof.

Die vatikanischen Dienste Karls erstreckten sich über Rom hinaus in das kirchliche Leben anderer Länder. Als Protektor von Portugal, den Niederlanden und den katholischen Kantonen der Schweiz lernte Karl die Aufgaben und Schwierigkeiten der Ortskirchen und Bistümer in anderen Ländern kennen. Er war für sie Ansprechpartner und Fürsprecher in Rom. Zu seiner Tätigkeit als Legat von Bologna und Ancona kam noch das Protektorat mehrerer Orden (Franziskaner, Minoriten, Karmeliten, Humiliaten und Malteserritter) hinzu. Außerdem waren ihm nicht weniger als zwölf Kommenden anvertraut. Von seiner Korrespondenz zeugen dicke Folianten mit zahlreichen Briefen, die seine römische und Mailänder Tätigkeit widerspiegeln. Man spricht von insgesamt etwa 60000 Briefen, von denen der größere Teil nur handschriftlich vorliegt; aber immerhin sind drei Briefbände im 18. Jahrhundert publiziert worden, und Teile der Korrespondenz sind im Rahmen von Facharbeiten erschienen. Roger Mols schreibt: »Die Korrespondenz von Karl Borromäus bildet ein erstrangiges Zeugnis der katholischen Reform. Die 268 Bände, die in der Ambrosiana aufbewahrt werden, bezeugen durch ihr bloßes Vorhandensein seinen unablässigen Eifer, seine großartige Arbeitskraft, sein besonderes Organisationstalent. Sie beweisen auch, daß Karl Borromäus schon zu Lebzeiten zu einer Persönlichkeit von Weltrang geworden ist.«[3]

Bei seinen täglichen Begegnungen mit Menschen im Vatikan erfreute er sich einer wachsenden Beliebtheit. Immer häufiger wandten sich Städte und Klöster an ihn, weil sie ihre Sache in guten Händen wissen wollten. Die lautere Art, jedem und sofort zu helfen, beeindruckte die Menschen und zeigte die Tüchtigkeit des jungen Papstneffen. Das Vertrauen in die römi-

Pavit eos in innocentia cordis sui: et in intellectibus manuum suarum deduxit eos. Psalm LXXVII v. 72.

Kupferstich aus der von J. A. Saxius herausgegebenen Predigtsammlung

sche Kirchenführung wuchs nicht zuletzt auch durch das Organisationstalent Karls, mit dem er seine vatikanischen Dienste versah. Gisbert Kranz zieht das Urteil zeitgenössischer Chronisten heran und bemerkt: »Noch niemals wurden die Geschäfte an der römischen Kurie so rasch erledigt wie unter Borromeo.«[4]

Die Biographen berichten, daß Borromäus zeitlebens Bücher bei sich führte und jede freie Stunde dem Gebet und dem Studium widmete. Seine Bibliothek gibt uns Aufschluß über seine besonderen Interessen; zu den Büchern, die ihn lebenslang begleiteten, gehörten die Heilige Schrift und die Schriften der Kirchenväter. Als Saxius die Homilien des Mailänder Erzbischofs im Jahre 1758 herausgab, wurde dem Titelblatt ein ganzseitiges Bild zugeordnet. Es zeigt Karl Borromäus in einer Bibliothek, deren Bücher nur zum Teil in den Regalen stehen; einige offenbar benutzte Bücher sind nicht ordnungsgemäß zurückgelegt worden; auf dem Tisch liegen zwei aufgeschlagene Folianten, deren Texte der Kardinal miteinander vergleicht. Karl las nie ohne Schreibutensilien. Im genannten Bild sehen wir Schreibzeug auf dem Tisch. Karl hat exzerpiert, was ihm beim Lesen besonders wichtig erschien. Er sammelte ›Lesefrüchte‹, die der späteren Betrachtung dienten oder für Predigten und Vorträge verwendet wurden. Wir dürfen annehmen, daß Karl Borromäus außer einem umfangreichen juristischen und kanonischen Wissen eine gediegene Allgemeinbildung besaß. Seine geistigen Interessen blieben zeitlebens wach und führten in seiner römischen Zeit zur Einrichtung einer Akademie im Vatikan, die unter dem Namen ›Vatikanische Nächte‹ bekannt geblieben ist.

Verschiedene Gründe haben zur Einrichtung dieser Gesellschaft gelehrter Männer im Vatikan geführt. Zunächst wünschte Karl, die geistige Auseinandersetzung anzufachen. Die nächtlichen Zusammenkünfte überwanden dann auch manchen Müßiggang und belanglose Vergnügungen zugunsten geistiger Beschäftigungen. Ein weiterer Anlaß für die Einrichtung der ›Noctes Vaticanae‹ dürfte das persönliche Interesse Karls gewesen sein, im Gespräch mit Philosophen, Naturwissenschaftlern und Künstlern seinen Bildungshorizont zu erweitern. Zu den Mitgliedern der Akademie gehörten berühmte Geistliche wie Hugo Boncompagni, der spätere Papst Gregor XIII., ferner Kardinal Simonetta, Karl Visconti, Franz von Gonzaga, Johannes Delfino, Silvio Antoniano (er schrieb später auf Anregung Karls eine Erziehungslehre), Francesco Alciati (Karls Lehrer aus der Studienzeit in Pavia) und auch Augustinus Valerius (ein späterer Biograph des Borromäus). Man sprach sich mit ›Decknamen‹ an, wie es in Humanistenkreisen und literarischen Gesellschaften damals üblich war. Karl Borromäus wurde ›Il Caos‹ genannt. Andere ›Decknamen‹ waren: Il Transformatore, Il Segreto, Il Sereno, L'obediente, Il Risoluto... Der Verwandler, der Verschwiegene, Der Ernste, Der Gehorsame, Der Entschlossene... Die ersten Sitzungen dieser Akademie kreisten um philosophische, künstlerische

Karl Borromäus gründet die Kongregation der Oblaten des hl. Ambrosius

Karl Borromäus im Kreis der ›Noctes Vaticanae‹
(Titelbild der ›Noctes Vaticanae‹, herausgegeben von J. A. Saxius 1748)

und naturwissenschaftliche Themen; auch Fragen der Theologie kamen später zur Sprache. Nach einem Vortrag folgte in der Regel ein gemeinsames Gespräch.

Man darf sich die Vorträge der ›Vatikanischen Nächte‹ nicht wie heutige Vorlesungen mit streng wissenschaftlichem Anspruch vorstellen; es waren vielmehr rhetorische Übungen zu einem vorgegebenen Thema. Die Sitzungen wurden von einem gewählten Präsidenten geleitet. Karl war nicht zuletzt wegen seiner Sprechschwierigkeit von Natur aus eher schweigsam als redselig. In seinen Studienjahren mag ihm das oft ein Hindernis gewesen sein. In der Akademie der ›Vatikanischen Nächte‹ besaß er nun die Möglichkeit, sowohl im Gespräch als auch zu freier Rede das Wort zu ergreifen. Die Rhetorik bedurfte freilich einer zielstrebigen Übung und die Fähigkeit, frei, ruhig und sicher zu sprechen, war für Karl durchaus mit Anstrengung verbunden. Aber er sah darin eine Notwendigkeit für seine vatikanischen Dienste und für seine spätere seelsorgliche Arbeit.

Aus den Dokumenten, die die Ambrosiana in Mailand aufbewahrt, gab Joh. A. Saxius 1748 eine Sammlung von Reden heraus, die der späteren Periode der ›Vatikanischen Nächte‹ zuzurechnen sind. In dieser Ausgabe sind auch drei Reden von Karl Borromäus nachzulesen. In rhetorischer Hinsicht scheint der junge Kardinal demnach besonders von dem erfahrenen Redner Sylvius Antonianus (›Il Resoluto‹) gelernt zu haben. In den ›Noctes Vaticanae‹ stellte Karl die Weichen für seine spätere großartige Predigttätigkeit als Erzbischof von Mailand.

NOCTES
VATICANÆ

SEU SERMONES HABITI IN ACADEMIA

A S. CAROLO BORROMEO

ROMÆ IN PALATIO VATICANO INSTITUTA.

PRÆMITTITUR OPUSCULUM

AUGUSTINI VALERII

INSCRIPTUM

CONVIVIUM NOCTIUM VATICANARUM.

OMNIA NUNC PRIMUM
E MSS. CODICIBUS BIBLIOTHECÆ AMBROSIANÆ ERUTA

JOSEPH ANTONIUS SAXIUS

PRÆFATIONE ET NOTIS ILLUSTRAVIT.

MEDIOLANI MDCCXLVIII.
EX TYPOGRAPHIA BIBLIOTHECÆ AMBROSIANÆ
APUD JOSEPH MARELLUM
SUPERIORUM FACULTATE AC PRIVILEGIO.

Titelblatt der ›Noctes Vaticanae‹, herausgegeben von J. A. Saxius 1748

Bildnis des hl. Karl Borromäus in Hohenems

Eine Sitzung des Konzils von Trient

Vorbereitung auf Mailand:
Als Kardinalstaatssekretär am Konzilsende

Als am 29. November 1560 die Einberufungsbulle zur dritten Konzilsperiode veröffentlicht wurde, hatte Karl Borromäus die Funktionen des heutigen Kardinalstaatssekretärs inne. Es gilt als sicher, daß auch Karl seinen Anteil an der Einberufung gehabt hat: In zahlreichen Gesprächen über die längst fälligen Reformen hatte er den Papst in seinem Beschluß, das Konzil zu Ende zu bringen, bestärkt. Nun kam es ihm zu, die Vorverhandlungen zum Konzil mit zu führen; allein die Korrespondenz nahm in dieser Zeit einen unermeßlichen Umfang an, ging doch durch seine Hände der Schriftverkehr mit den künftigen Konzilsteilnehmern und Beratern. Karl hatte weltlichen und kirchlichen Autoritäten zu begegnen, die teils auf seiten des Papstes standen, teils offensichtlich gegen Papst und Kurie eingestellt waren. Für diese Arbeit besaß er hervorragende Fähigkeiten. In der Papstgeschichte von Seppelt/Löffler wird Karl Borromäus »der gute Genius Pius' IV.«[5] genannt, und Gisbert Kranz bemerkt: »Der junge Kardinal erwies sich als ein vorzüglicher Diplomat und als ein Mann von außerordentlicher Geschicklichkeit in Regierungsgeschäften... Er war ein Phänomen an Arbeitskraft... In Borromäus dürfen wir den ersten Kardinalstaatssekretär der Kirchengeschichte sehen. Er hielt die Fäden der päpstlichen Innen- und Außenpolitik. Durch seine Hand ging der gesamte Briefverkehr mit Königen und Bischöfen.«[6]

Am 18. Januar 1562 war es soweit: Am Fest Petri Stuhlfeier wurde das Konzil im Dom des heiligen Vigilius nach dem entsprechenden Zeremoniell wieder eröffnet. Während die Konzilsväter tagten, stand Karl Borromäus von Rom aus in ständiger Verbindung mit dem päpstlichen Legaten in Trient. Die Biographen berichten, daß er Tag und Nacht bereit war, die Botschaften vom Konzil zu empfangen und zu bearbeiten, sie dem Papst vorzulegen und für eine rasche Erledigung zu sorgen und, wenn es nötig war, auch Entscheidungen herbeizuführen. Vor allem in den Wochen der Krankheit des Papstes befürchtete man, daß das Konzil nochmals unterbrochen und vertagt werden müsse. Doch Karl sorgte für den weiteren Ablauf von Rom aus. Er war wie ein Brückenkopf, der die Verbindungen zwischen den Konzilsteilnehmern in Trient und Papst und Kurie in Rom herstellte. Dabei kam ihm nicht selten die Rolle des Vermittlers zu: In einem Fall etwa schickte der Staatssekretär ein vermittelndes Schreiben an die Legaten in Trient; am Vortag hatte der Papst nämlich einen scharfen Brief nach Trient gesandt, und Karl hielt es für angebracht, diesen ein wenig abzumildern, was er nach einem klärenden Gespräch mit dem Papst dann auch tat.

Am 4. Dezember 1563 war der langersehnte Abschlußtag des Konzils gekommen. Alle Dekrete wurden noch einmal verlesen, bevor dann die Konzilsväter gefragt wurden: »Seid ihr entschlossen und einverstanden, daß das Konzil geschlossen und der Papst von den Legaten im Namen des Konzils ersucht wird, alle unter den drei Päpsten Paul III., Julius III. und Pius IV. angenommenen Dekrete und Definitionen zu bestätigen?« Mit einem einhelligen ›Placet‹ antworteten die 252 anwesenden Konzilsteilnehmer, das Te Deum ertönte. Alle waren froh, daß das Konzil nun doch noch einen Abschluß gefunden hatte.

Bei Beendigung des Konzils war Karl gerade 25 Jahre alt. Seine Arbeit als Staatssekretär kam einem Theologiestudium gleich und war eine ausgezeichnete Vorbereitung für seinen künftigen pastoralen Dienst in Mailand.

Als die Legaten Morone und Simonetta die Konzilsarbeiten nach Rom brachten, brauchten sie nicht lange auf die Approbation zu warten: Papst Pius IV. bestätigte die Konzilsentscheidungen in einer feierlichen Bulle bereits am 24. Januar 1564. Die Dekrete wurden sofort Kirchengesetz.

Karl versuchte unverzüglich, die Beschlüsse der allgemeinen Kenntnis zugänglich zu machen. Zu diesem Zweck ordnete er die Schriften nach ver-

Die Ernennung zum Kardinal. Detail aus einem Gemälde in der Kapuzinerkirche Mels
mit 24 Szenen aus dem Leben des hl. Karl Borromäus

schiedenen Kategorien und archivierte sie in einem eigens dafür vorgesehenen Oratorium. Er unterschied drei Themenbereiche: Sancta Sanctorum
(Glaube und Sakramente), Sancta (Reform der Kirchendisziplin) und die
Laienverordnungen. Welche Beschlüsse waren für Karl vorrangig? Ganz
ohne Zweifel die Dekrete zur Residenzpflicht der Bischöfe, zur Visitations-
ordnung der Pfarreien und Klöster; die Verordnungen über die regelmäßi-
gen Diözesansynoden; und schließlich die Einrichtung von Priesterseminaren.

Nicht weniger wichtig waren die Glaubensentscheidungen des Konzils.
Karl Borromäus erwarb sich durch das Studium der Konzilsdekrete in Rom
ein großartiges theologisches Rüstzeug für seine spätere pastorale Arbeit in
Mailand und von Mailand aus. Im folgenden sollen als Karls ›Studieninhalte‹ einige der wichtigsten Lehrverkündigungen genannt und wegen ihrer
bis heute wirksamen Bedeutung teilweise auch in Auszügen wiedergegeben

Als Kardinalstaatssekretär mit 26 Jahren

werden. Dabei wäre es gewiß ein reizvolles Unterfangen, die Trienter Bestimmungen mit den entsprechenden Aussagen des Zweiten Vaticanums in Beziehung zu setzen. An dieser Stelle möge lediglich der allgemeine Hinweis genügen, daß die Glaubensentscheide des Tridentinums vom Zweiten Vaticanum z. T. ausdrücklich aufgegriffen wurden oder aber eine indirekte Bekräftigung erfahren haben. Freilich ist die Form der Lehrverkündigung bei den beiden Konzilien sehr unterschiedlich: Sind es beim Trienter Konzil präzise und prägnant gefaßte Lehrsätze, finden sich im Zweiten Vaticanum ausführliche, mitunter dichterisch geformte Abhandlungen. Die häufige inhaltliche Anlehnung des Zweiten Vaticanums an das Trienter Konzil ist jedenfalls ein schönes Beispiel für die Kontinuität der kirchlichen Glaubensverkündigung, wie ja auch das Tridentinum wiederum aus der Tradition der Lehraussagen vor dem 16. Jahrhundert hervorgeht.

In ihrer vierten Sitzung befaßt sich die allgemeine Kirchenversammlung im Jahre 1546 mit Fragen zu den Grundlagen des Glaubens, bei denen es in reformatorischen Kreisen zu von der bisherigen Überlieferung abweichenden Auffassungen gekommen war.

So wird die – mündliche oder durch die Werke der Kirchenväter schriftliche – Überlieferung als Offenbarungsquelle neben der Hl. Schrift besonders hervorgehoben:

Die heilige Kirchenversammlung weiß, daß diese Wahrheit und Ordnung enthalten ist in geschriebenen Büchern und ungeschriebenen Überlieferungen, die die Apostel aus Christi Mund empfangen haben oder die von den Aposteln selbst auf Eingebung des Heiligen Geistes gleichsam von Hand zu Hand weitergegeben wurden und so bis auf uns gekommen sind.[7]

Die von Hieronymus erarbeitete lateinische Bibelübersetzung wird offiziell zur maßgebenden Schriftausgabe erklärt:

Eben diese alte Ausgabe der Vulgata, die sich durch jahrhundertelangen Gebrauch in der Kirche bewährt hat, ist in öffentlichen Vorlesungen, in wissenschaftlichen Auseinandersetzungen, Predigten und Darlegungen als maßgebend zu betrachten.[8]

Ferner wird betont, daß die Auslegung der Hl. Schrift in Übereinstimmung mit der Überlieferung der Kirche geschehen müsse:

Niemand soll es wagen, in Sachen des Glaubens und der Sitten, die zum Aufbau christlicher Lehre gehören, die Heilige Schrift im Vertrauen auf eigene Klugheit nach seinem eigenen Sinn zu drehen, gegen den Sinn, den die heilige Mutter, die Kirche, hielt und hält, – ihr steht das Urteil über den wahren Sinn und die Erklärung der heiligen Schriften zu – oder auch die Heilige Schrift gegen die einstimmige Auffassung der Väter auszulegen, auch wenn eine solche Auslegung niemals zur Veröffentlichung bestimmt wäre.[9]

In diesem Zusammenhang sei erwähnt, daß jene Aussage des Tridentinums durch das Zweite Vaticanum begrifflich noch präzisiert wurde: Nur das ›Lehramt‹ der Kirche (also der Papst und die mit ihm vereinten Bi-

Papst Pius IV. (1559–1565)

schöfe) könne aufgrund des besonderen Beistands des Heiligen Geistes das Wort Gottes verbindlich erklären[10] (entsprechend der Worte Jesu an die Apostel: »Wer euch hört, hört mich« [Lk. 10,16] und »Seht, ich bin bei euch alle Tage bis ans Ende der Welt« [Mt. 28,20]).

Die Erbsünde war ebenfalls ein brisantes Thema, zu dem die Konzils-väter in ihrer fünften Sitzung (1546) eine Lehrentscheidung verkündeten: Die Sünde Adams ist auf das ganze Menschengeschlecht übertragen wor-den und kann einzig durch das Leiden Christi getilgt werden. Faktisch ge-schieht dies in der Taufe, in der die Verdienste Christi dem einzelnen Men-schen zugewendet werden. In diesem Zusammenhang wird auch noch einmal auf die Notwendigkeit der Kindertaufe hingewiesen. Gegenüber Luthers Auffassung hält die Kirchenversammlung daran fest, daß in der Taufe die Schuld der Erbsünde tatsächlich und restlos getilgt wird, also nicht nur ›zugedeckt‹ werde. Folge der Erbsünde ist aber eine Schwächung der menschlichen Natur, die die Neigung des Menschen zur Sünde nach sich zieht. Insofern ist das irdische Leben eine Zeit des Kampfes gegen die eigenen schlechten Neigungen, in der sich der Mensch für die Ewigkeit bewährt. So sagt das Konzil:

»*Daß aber in den Getauften die Begierlichkeit oder der ›Zündstoff‹ zurückbleibt, das bekennt und weiß die heilige Kirchenversammlung. Da sie aber für den Kampf zurückgelassen ist, kann sie denen, die nicht zustimmen, sondern mannhaft durch Christi Jesu Gnade Widerstand leisten, nicht schaden. Vielmehr: ›Wer recht kämpft, wird gekrönt werden‹ (2 Tim 2, 5).*«[11]

Die Gottesmutter wird ausdrücklich nicht in die Lehrbestimmungen über die Erbsünde eingeschlossen.

In der 25. Sitzung (1563) machen die Konzilsväter auch eine eschatologische Aussage, indem sie die Existenz eines Reinigungsortes bestätigen, wo sich jene Seelen befinden, die nach ihrem Tod noch zeitliche Sündenstrafen abzubüßen haben. Den armen Seelen im Fegefeuer können die Gläubigen durch Gebet und gute Werke helfen.

Von außerordentlich großem Gewicht sind die Verlautbarungen des Konzils zu den Sakramenten. Auf sie wird später in einem anderen Zusammenhang noch näher eingegangen. Erwähnt sei auch die Neueinrichtung des ›Index librorum prohibitorum‹ (Verzeichnis verbotener Bücher), das all jene Schriften angab, die der katholischen Glaubens- und Sittenlehre zuwiderlaufen. Solche Schriften ohne schwerwiegenden Grund und ohne nötige Vorbildung zu lesen oder sie zu vertreiben, wurde untersagt. Der Bücherindex wurde später laufend ergänzt, verlor aber im Jahre 1966 seine Rechtskraft als Kirchengesetz; die entsprechenden Kirchenstrafen bei Zuwiderhandlungen wurden aufgehoben. Zugleich bewahrte der Index seine »moralische Geltung..., insofern er das Gewissen der Gläubigen lehrt, daß sie sich, wie es das natürliche Recht verlangt, vor den Schriften hüten, die den Glauben und die guten Sitten gefährden können«.[12]

Die feierliche Schlußsitzung des Konzils fand am 3. und 4. Dezember 1563 statt. Die katholische Glaubenslehre war im Sinne des größten mittelalterlichen Kirchenlehrers Thomas von Aquin (1220–1274) neu festgelegt worden, die Reform an Haupt und Gliedern und die Erneuerung der christlichen Zucht verpflichtend beschlossen.

Nach Beendigung des Konzils kam es nun darauf an, die Reformbeschlüsse in die Tat umzusetzen und die Lehrverkündigungen im Leben der Gläubigen Gestalt gewinnen zu lassen. Karl Borromäus spürte seine Verantwortung, diese Aufgabe zu verwirklichen.

Titelblatt einer Schrift aus der erzbischöflichen Seminardruckerei

Das entscheidungsvolle Lebensjahr 1563:
Priester- und Bischofsweihe

Im November 1562 erkrankte Karls Bruder Federico plötzlich und unerwartet. Er starb nach nur achttägiger Krankheit in den Armen seines Bruders. Durch seinen Tod wurde die Familie schwer getroffen, zumal ihr Fortbestand nun gefährdet schien: Federico hatte keine männlichen Nachkommen hinterlassen. Karl war tief erschüttert. Am Sarg seines Bruders stand ihm die Vergänglichkeit des Irdischen deutlich vor Augen. Um so mehr öffnete sich sein Geist jetzt dem Übernatürlichen; Gott wurde ihm als das allein tragfähige Fundament seines Lebens bewußt. Ein Wandel ging in Karl vor. Er merkte, daß Gott etwas besonderes mit ihm vorhatte und spürte den Wunsch, sich Seinem Willen ganz hinzugeben. Der Same der Priesterberufung, den Gott seiner Seele eingepflanzt hatte, keimte auf. Karl hörte den Ruf der Gnade zu einer Zeit, als er von tiefstem Schmerz über den Tod seines Bruders erfüllt war. Nun wollte er ihm entsprechen. Doch wie so oft in der Geschichte der Berufungen stand auch Karl zunächst vor dem Unverständnis seiner Verwandten. Mußte doch der Fortbestand der Familie gesichert werden! Die Familie Borromeo und auch sein Onkel, der Papst, wünschten daher die Heirat Karls. Rechtlich stand diesem Schritt kein Hindernis im Wege, da Karl ja erst die Weihe zum Diakon erhalten hatte.

In dieser Situation war für ihn allein die Frage nach dem Willen Gottes entscheidend. Die Antwort hoffte er im Gebet zu finden, und er legte sich in dieser Zeit des Suchens strenge Bußübungen auf. Verstärkt suchte er den geistlichen Rat von Menschen, die seine Berufung verstehen könnten. Im Sommer 1563 machte Karl die Ignatianischen Exerzitien, bei denen ihm der Jesuit Ribeira besonders zur Seite stand. Betend und voller Vertrauen auf Gottes Beistand und Hilfe vollzog Karl Borromäus den letzten entscheidenden Schritt. Am 17. Juli 1563 wurde er zum Priester geweiht. Kardinal Cesi nahm die Weihe in der Kapelle des Palazzo Colonna bzw. in der Kirche der heiligen Apostel vor. Am 15. August feierte Karl seine Primiz am Altar der Confessio im Petersdom im Beisein des Papstes. Die Kirche der Jesuiten ›Il Gesù‹ sah den Neupriester bei seiner zweiten hl. Messe an ihrem Altar stehen.

Den Menschen seiner Umgebung blieb nicht verborgen, daß Karl einen tiefgreifenden inneren Wandel vollzogen hatte. Reichtum und Luxus entsagte er nun vollständig. Durch Betrachtung und Buße erhielt sein Leben mehr und mehr eine übernatürliche Ausrichtung. Karl hatte eine aufrichtige Bekehrung zum priesterlichen Leben vollzogen. Von nun an gewinnen die geistlichen Freundschaften für ihn eine größere Bedeutung. Oft besuchte er P. Philipp Neri in der Kirche San Girolamo della Carità und betete mit ihm das Brevier. Manche Biographen berichten, daß Karl Borromäus in dieser Zeit auch daran gedacht habe, sich in ein Kloster zurückzuziehen.

Von besonderer Bedeutung für den weiteren Lebenslauf war die Begegnung mit dem portugiesischen Erzbischof von Braga, dem Dominikaner Bartholomäus de Martyribus, der am 29. September 1563 zu einem zehntägigen Aufenthalt nach Rom gekommen war. Auch er war ganz und gar vom Geist der Reform erfüllt. Auf dem Konzil von Trient hatte Bartholomäus als hervorragender Redner das Bild eines apostolischen Seelenhirten entworfen und war dabei auf große Zustimmung bei den Konzilsvätern gestoßen. Man schätzte diesen gelehrten Dominikaner, der ganz offensichtlich ein heiligmäßiges Leben führte.

Schon einen Tag nach seiner Ankunft in Rom gewährte der Papst dem Besucher aus Portugal eine Audienz in Gegenwart seines Geheimsekretärs Karl Borromäus. Im Gespräch sagte Pius IV. mit einem Hinweis auf seinen Neffen: »Das ist ein junger Kardinal. Ihnen will ich ihn anvertrauen. Beginnen Sie mit ihm die Reform der Kirche!« Der Papst ahnte nicht, wie folgenreich die Begegnung seines Neffen mit dem portugiesischen Bischof sein sollte.

Bei weiteren vertraulichen Gesprächen zwischen Bartholomäus und Karl bahnte sich schon bald ein freundschaftliches Verhältnis an, das zeitlebens dauern sollte. Während des Konzils hatte der Bischof Aufzeichnungen über seine Auffassung vom Bischofsamt und insbesonders auch zur Residenzpflicht der Bischöfe gemacht, die später – möglicherweise auf Veranlassung Karls – zu einem Buch mit dem Titel ›Stimulus pastorum‹ erweitert wurden (vgl. S. 48). Das Buch vermittelt eine Vorstellung von dem, was Karl von dem Bischof damals wohl gehört hat. Ausgehend vom Bild des Guten Hirten dürfte Bartholomäus viel über die Schönheit des pastoralen Dienstes gesprochen haben und über die priesterlichen Tugenden, die dieser Dienst für das Heil der Menschen besonders erfordert. An erster Stelle, so geht aus dem ›Stimulus pastorum‹ hervor, benötigte der Priester eine starke Gottverbundenheit, er müsse daher seine Kraft aus einem tiefen innerlichen Leben beziehen. Die Nahrung für seine Liebe zu Gott und den Menschen finde er beim täglichen Meßopfer, dem kein zeitliches, weltliches Anliegen vorgezogen werden dürfe. Bartholomäus lehnt die Meinung ab, der Bischof müsse sich der Welt, dem Zeitgeist anpassen; jede Zeit habe sich vielmehr nach dem Evangelium zu richten. Deutlich betont er die Residenzpflicht des Bischofs, der seine Diözese persönlich – nicht etwa durch einen Stellvertreter – leiten müsse. Karl verließ schon kurze Zeit später Rom und begab sich in seine Diözese nach Mailand.

Die Begegnung mit Bartholomäus ist in ihrer Bedeutung für die spätere Amtsführung Karls als Bischof kaum zu überschätzen. Dieser nahm seinen Rat, mehr noch seine Spiritualität an und bewahrte den ihm gewidmeten ›Stimulus pastorum‹ zeitlebens auf. Nach dieser Begegnung gab sich Karl mit Eifer dem Theologiestudium hin. Dabei nahm er die Hilfe eines portugiesischen Dominikaners in Anspruch, Francesco Foreira, der bis 1565 die Studien und Predigten des jungen Kardinals hilfreich begleitete.

Am Weihetag des heiligen Ambrosius empfing auch Karl Borromäus die Bischofsweihe. In der Sixtinischen Kapelle nahmen die Kardinäle Giovanni und Antonio Serbelloni die Weihehandlung vor, Assistenten waren Tolomeo Gallia und Felice Tiranni. Man schrieb den 7. Dezember 1563, vier Tage vorher war das Konzil von Trient abgeschlossen worden. Am 12. Mai 1564 wurde Karl zum Erzbischof von Mailand ernannt.

Das Leben des heiligen Karl muß als ganz und gar priesterliche Existenz verstanden werden. Mit einem bewundernswerten ›heiligen Eifer‹ hat sich Karl um die Verwirklichung der priesterlichen Aufgaben bemüht. Durch die Bischofsweihe besaß er die Rechtsgewalt der kirchlichen Oberhirten zur Mitwirkung an der Gesetzgebung der Gesamtkirche.

In den später für die Priester seiner Erzdiözese verfaßten ›Instructiones‹ spiegelt sich Karls Auffassung vom priesterlichen Amt wieder. Die ›Instructiones‹ wurden im Laufe der Zeit immer wieder neu aufgelegt und dienten einerseits dem Studierenden als Handbuch, andererseits stellten sie eine wertvolle Hilfe für den praktischen Seelsorgedienst dar. Besonders eindringlich zeichnet Karl sein Bild des Priesters in der Regel der Oblaten des heiligen Ambrosius. Der Einfluß des ›Stimulus pastorum‹ des Bartholomäus de Martyribus auf Karl für die Ausübung seines Bischofsamtes ist bereits erwähnt worden. Viele Gedanken des ›Stimulus‹ sind in das Trienter Dekret vom 11. November 1563 eingeflossen: die pastorale Pflicht der Bischöfe, ihre Diözese persönlich zu leiten, Synoden abzuhalten, das Wort Gottes zu verkündigen. Karl Borromäus sollte diese Forderungen modellhaft verwirklichen.

Aus der Schrift ›Stimulus Pastorum‹
des Bartholomäus de Martyribus

Quod igitur aliud exemplar status vestri quaeritis, o caeci pastores, quam Dominum Jesus?

P. II c. 6

Welches andere Vorbild sucht ihr, verblendete Hirten? Ihr habt Jesus, den Herrn, zum Vorbild.

Quid alius est episcopus quam quidam suae dioecesis sol, homo totius igneus, totus conquerendis Christo animabus intentus, exemplo semper verbo saepissime praedicans?

P. II c. 7

Was ist der Bischof anderes als die Sonne seiner Diözese? Der ganz Glühende, eifrig bemüht, den Seelen Christus nahe zu bringen durch sein Beispiel und die häufige Verkündigung des Wortes.

Cor episcopale arca testamenti est in quo manna dulce caritatis, sapientia legis, rectitudo iustitiae in virgis signata, continentur.

P. II c. 6

Das Herz des Bischofs ist die Arche des Bundes, in der das Brot der gütigen Liebe, die Weisheit des Gesetzes und die Gradheit der Gerechtigkeit lebendig sind, wie eingeschrieben in das Holz.

. . . sciens quod es discipulus illius qui non venit ministrari sed ministrare et discurrere per civitates et castella ad quaerendas animas.

P. II c. 1

Bedenke, daß du der Schüler dessen bist, der gekommen ist, um zu dienen, nicht um bedient zu werden, und durch Länder und Städte zu gehen, um Seelen zu gewinnen.

Tres pestes tres serpentes circumdant episcopalem functionem sciliat, honor, pecunia, mensa.

P. II c. 6

Drei Seuchen, drei Schlangen umgeben leider den bischöflichen Dienst: die Ehre (Ehrsucht), das Geld (Besitz) und der Tisch (Gelage).

Unicus finis unicus scopus, unica consolatio, unicum refrigerium pastoralis officii est adducere animas ad cognitionem et amorem Dei.

P. II c. 5

Einziges Ziel, einziger Endzweck, einzige Beruhigung, einzige Stärkung des pastoralen Dienstes ist es, die Seelen zur Erkenntnis Gottes und zur Liebe Gottes zu führen.

48

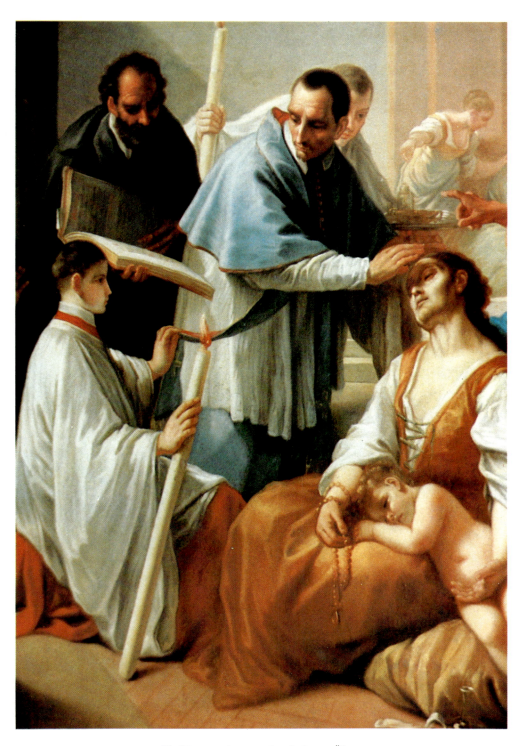

Karl Borromäus spendet die letzte Ölung

Der Dom von Mailand mit Domplatz heute

Der Erzbischof in seiner Diözese

Mailand war zur Zeit Karls die größte Diözese Italiens und umfaßte auch einen Teil Venetiens, Genuas und der Schweiz. Zur gesamten Kirchenprovinz gehörten fünfzehn Bistümer.

Karl Borromäus drängte nach Abschluß des Konzils darauf, in Mailand persönlich die Konzilsbeschlüsse durchzuführen. Doch sollte es noch über eineinhalb Jahre dauern, bis die Mailänder ihren Bischof begrüßen konnten.

Zunächst hatte Karl nämlich noch einige Aufträge im Zusammenhang mit dem Konzil zu erledigen. Dabei handelte es sich vor allem um solche Aufgaben, die das Konzil dem Papst zur Durchführung überantwortet hatte. So erfolgte unter Karls Anleitung die Bearbeitung des Römischen Katechismus; zudem wurden die ersten Arbeiten für die Herausgabe des Missale und des Breviers begonnen. Auch berief der Papst seinen Neffen in die Konzilskongregation, die für die Durchführung der Konzilsbeschlüsse auf der Ebene der Gesamtkirche zu sorgen hatte. Karl wurde schließlich noch zum Legatus a latere ernannt; mithin war er Abgesandter des Papstes mit besonderen Vollmachten auch in anderen Diözesen Italiens.

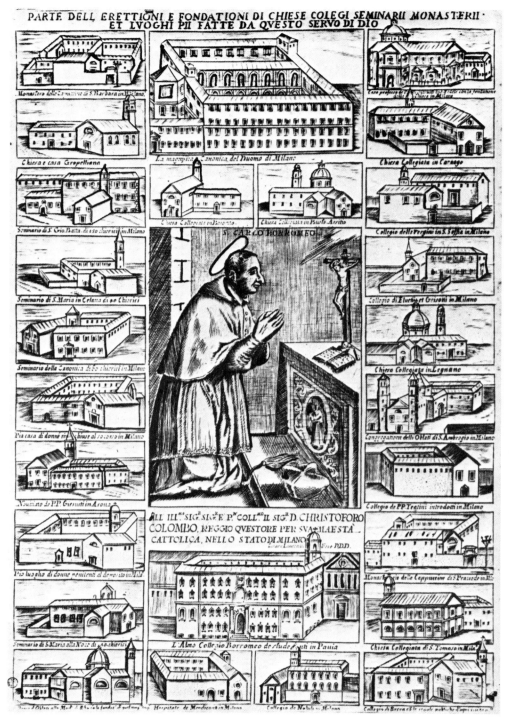

Die wichtigsten von Karl Borromäus in seiner Diözese errichteten Bauten:
Kirchen, Priesterseminare, Klöster, Studentenheime, Waisenhäuser

Nur schweren Herzens ließ der gesundheitlich bereits sehr schwache Papst seinen Neffen abreisen, dessen Hilfe er von jetzt an entbehren mußte. Auch das gläubige Volk und die Geistlichen Roms konnten sich mit dem Gedanken, Karl nun bald an Mailand ›zu verlieren‹, nicht recht abfinden. Zu sehr war er besonders denjenigen ans Herz gewachsen, die um seine Sorge für die Armen und Notleidenden wußten. Am 31. August 1565 weilte der junge Kardinal noch einmal im Kreise seiner gelehrten Freunde; es war die letzte der ›Vatikanischen Nächte‹.

Am folgenden Tag brach Karl auf, um Rom zu verlassen. Niemand konnte ahnen, daß recht bald ein Ereignis eintreten würde, das ihn schon drei Monate später noch einmal nach Rom führen sollte.

Der Erzbischof von Mailand wußte bereits sehr gut um die Verhältnisse, die er in seinem Bistum antreffen würde. Um die Mailänder Kirche hatte sich Karl von Rom aus nach Kräften bemüht; vor allem bei der Wahl der Mitarbeiter war er sehr sorgfältig und verantwortungsbewußt vorgegangen. So hatte er schon im Mai 1564 Nicolò Ormaneto zu seinem Generalvikar bestellt, den besten Mann, den er finden konnte. Ormaneto kam aus Verona und war dort nachhaltig vom Geist des vortridentinischen Reformbischofs Giberti geprägt worden. Mit dem erfahrenen Priester hatte Karl in Rom unmittelbar nach Abschluß des Tridentinums die ersten Schritte zur Durchführung der Konzilsbeschlüsse in seinem Bistum abgestimmt. Der Generalvikar war es denn auch, der die erste Diözesansynode einberief und die Ankunft des Erzbischofs in jeder Hinsicht vorbereitete. Auch den Jesuitenpater Palmio hatte Karl schon als Prediger nach Mailand entsandt.

Vom Papst gesegnet und begleitet von einigen Geistlichen und Prälaten trat Karl die Reise nach Norden an. Über drei Wochen war er unterwegs; hin und wieder mag er dabei wohl auf seine römischen Jahre zurückgeblickt haben: auf seine vielfältigen Tätigkeiten in der Nähe des Papstes, seine Priester- und Bischofsweihe, die langen Abende in den ›Vatikanischen Nächten‹. Der Besuch bei Reliquien in Kapellen und Kirchen entlang des Weges bot häufig Anlaß für eine kleine Reiseunterbrechung. Drei Tage blieb Karl in Bologna, wo er auch die Abtei der Chorherren Nonantola besuchte.

Die letzte Station vor seiner Ankunft in Mailand war die vor den Toren der Stadt gelegene Zisterzienserabtei Chiaravalle. Dort ziehen am Palmsonntag noch heute die Mönche singend und betend mit großen Palmzweigen vom Bernardussaal – die Stadt Mailand wollte einst Bernhard von Clairvaux zum Bischof haben – durch den Kreuzgang der altehrwürdigen Kirche ein. Die restliche Wegstrecke vom Kloster zu den Toren seiner Bischofsstadt legte Karl in seinem bischöflichen Ornat, angetan mit Pluviale und Mitra, zurück.

Die Biographen berichten mehr oder weniger ausführlich über den feierlichen Einzug am 23. September 1565. Tatsächlich war dies ein denkwürdiger Tag in der Kirchengeschichte Mailands: Seit acht Jahrzehnten hatte hier

Feierlicher Einzug Karls in seine Bischofsstadt Mailand

kein Bischof mehr persönlich residiert. Die Mailänder bereiteten ihrem Bischof einen begeisterten Empfang: »Dies ist ein zweiter Ambrosius« war ein oft gehörtes Wort. Karl seinerseits war von großer Freude erfüllt und nutzte die Gelegenheit, um mit den erwartungsvollen Menschen persönliche Kontakte zu knüpfen. Am folgenden Sonntag feierte der Bischof ein Pontifikalamt im überfüllten Mailänder Dom, an dem man zu seinen Ehren, ›amoris causa‹, eine Inschrift angebracht hatte. Er predigte an diesem Tag zu dem Schriftwort: »Herzlich hat es mich verlangt, dieses Osterlamm mit euch zu essen« (Lk. 22,15).

Karl hatte das langersehnte Ziel erreicht: Er war nun als guter Hirt unter seinen Gläubigen. Diesen Umstand empfand er ebenso als Geschenk wie

er die große Verantwortung spürte, die nun auf ihm lastete. Die Reform der
Diözese gemäß den Richtlinien des Konzils war eine Aufgabe, die nur mit
der Hilfe Gottes zu verwirklichen war. Der junge Bischof wußte: Auf sich
gestellt konnte er diese Arbeit nicht bewältigen. Denn für Karl stellte sich
die Reform nicht nur als strukturelles Problem; die Hinwendung der Herzen zu Gott – darin sah er die eigentliche Aufgabe, die zugleich Kern einer
jeden religiösen Erneuerung ist. Immer stehen dabei die menschlichen Mittel in keinem Verhältnis zum Ziel; stets ist Gott es, der mit seiner Gnade
letztendlich die Bekehrung der Herzen bewirkt. In diesem Bewußtsein
nahm Karl Borromäus die Arbeit in seiner Diözese auf. Er tat es mit letzter
persönlicher Hingabebereitschaft; mitunter nachsichtig, geduldig, abwar-
tend, bisweilen aber auch unnachgiebig, streng, energisch. »Karl Borromäus wurde ein religiöser Erwecker, ein Kraftspender... Mit Karl Borromäus erhebt sich die Kirche wieder aus ihrer winterlichen Erstarrung.«[14]
Die verschiedenen Wirkungsbereiche Karls im Zuge seiner Reformtätigkeit sollen auf den folgenden Seiten dargestellt werden.

S. CAROLI CARD.
BORROMÆI, AR=
CHIEPISCOPI ME-
DIOLANEN-
SIS

VITA, MIRACVLA, ET NV-
pera eiusdem Canonizatio, iuxta Ita-
lieum compendium

Reuerendiff. & Illuftriff. D. FRANCISCI
Peniæ, Decani S. Rotæ, latino
ftylo adumbrata

PER

R. D. ERNESTVM CHOLINVM VVIR
thium Colon. S. Theol. Cand. & Ca-
non. D. Andreæ.

ACCESSIT R. P. CAROLI TORNIELLI
e Societate Iefu Oratio in laudem S. Caroli Berromal
habita Roma 4. Nouemb. 1610.

COLONIAE AGRIPPINAE,
Apud Ioannem Kinckium, fub Mono=
cerote. **M.DC.XI**

Karls Gesetzgebungswerk:
Die Mailänder Kirchenakten

Die Konzilien und Synoden der Mailänder Kirche waren bewegende, bahnbrechende Ereignisse. In ihnen lebte der starke Reformgeist des jungen Kardinals und Erzbischofs Borromäus. Er war der Mann der ersten Stunde nach dem Konzil von Trient. Karls synodale Tätigkeit übte eine nicht zu unterschätzende Wirkung auf die tridentinische Reform der gesamten Kirche aus. Dies ganz besonders in der Form der Acta Ecclesiae Mediolanensis (AEM), den Mailänder Kirchenakten, in denen noch zu Karls Lebzeiten im Jahre 1582 seine Gesetzgebung zusammengefaßt wurde.

»Indem er die allgemein gehaltenen Erlasse des Tridentinums für die besonderen Verhältnisse des Bistums genauer ausführte, bewährte sich Borromeo als Gesetzgeber«[15], schreibt Gisbert Kranz. »Borromeos Verordnungen enthielten die eingehendsten Weisungen über die ganze Kirchenzucht«[16], kommentiert Pastor. Sofort nach einem Konzil oder einer Synode wurden die Dekrete den Bedürfnissen der Pfarreien angepaßt, so daß eine Summe pastoraler Anweisungen in die Hand der Seelsorger gelangte. Diese konkreten Anweisungen gaben den Priestern auch Orientierung und Rückhalt bei ihrem Vorgehen gegen bestimmte kirchliche Mißstände. Die Verpflichtung, die Bestimmungen auch in Kraft zu setzen, hatte in den folgenden Jahren eine deutlich wahrnehmbare innere und äußere Festigung der Pfarreien zur Folge. Die zusammengefaßten Akten stellen nach den Worten Orsenigos eine »Sammlung pastoraler Regierungsweisheit« dar, »eine Schatzkammer der Gelehrsamkeit und wahrer Kirchendisziplin«, ein »Handbuch der Pastoraltheologie«.[17]

Die Mailänder Kirchenakten, die im Laufe der Zeit mehrfach, wenn auch nicht vollständig, wiedergedruckt wurden, geben zunächst eine Übersicht über die pastoralen Gliederungen der Mailänder Kirchenprovinz. Im Anschluß daran folgt eine kirchenrechtliche Abgrenzung der Aufgabenbereiche des Erzbischofs, des Generalvikars und anderer Amtsinhaber. Es folgen die pastoral bedeutsamen Berichte über die Versammlungen der Bischöfe und Priester. Das Inhaltsverzeichnis verschafft dem Leser die notwendige Übersicht, umfaßt doch der Band rund 1200 Seiten. Die Beschlüsse und Dekrete der ersten Provinzialkonzilien werden unter dem jeweiligen pastoralen Gesichtspunkt wiedergegeben: ›De Jejunio, De Seminario Clericorum, De Scholis Doctrinae Christianis, De Residentia (Über das Fasten, Über das Priesterseminar, Über die Schulen der christlichen Unterweisung, Von der Residenzpflicht)‹. Am Ende dieser langen Reihe von Dekreten steht die Oratio des heiligen Karl, eine zusammenfassende und wertende Rede, die mit dem ›Laus Deo‹ schließt und einen zutiefst apostolischen Charakter hat. Das achte Pastoralkonzil, das in die AEM bereits einbezogen wurde, hat 1612 unter dem Vorsitz von Kardinal Federico Borromeo stattgefunden, zwei Jahre nach der Heiligsprechung Karls. Chronologisch eingefügt sind dann die elf Diözesansynoden, deren Dekrete auffallend kürzer abgefaßt sind. Inhaltlich gehen sie auf Einzelheiten der Seelsorge in den Pfarreien ein. In den folgenden Abschnitten umfassen die AEM wichtige Edikte und Instruktionen, Statuten und Tabellen, Hirtenbriefe und Formulare für das kirchliche Leben. In einigen Ausgaben ist auch eine Vita des heiligen Karl angeschlossen, die der Dekan der Rota, Francesco Penia, verfaßt hat. Er war maßgeblich am Heiligsprechungsprozeß für Karl Borromäus beteiligt, und seine 30 Kapitel umfassende Darstellung von Leben, Wundern und Heiligsprechung findet sich häufig in Sammelbänden wieder. Penias italienischer Text wurde in einer lateinischen Version von einem Kleriker am Kölner Andreasstift bereits 1611 (d. h. ein Jahr nach der Heiligsprechung) in Köln gedruckt (vgl. Titelblatt S. 54).

Die Mailänder Kirchenakten fanden großen Zuspruch. Abdrucke wurden immer wieder erbeten, z. B. für die Synode von 1581 in Basel, an der auch Petrus Canisius teilnahm. Von Niels Stensen, dem dänischen Arzt und Naturforscher, der 1675 in Florenz zum Priester geweiht wurde, wissen wir, daß er in die Bände Einschau nahm; Franz von Sales lobt sie, und sogar zur Vorbereitung des Vatikanischen Konzils 1869/70 wurde ein Konsultor eigens mit dem Studium der Dekrete Borromeos beauftragt. Unmittelbar nach dem Erscheinen der Akten 1582 wurden allein in Lyon hundert, in Toledo elf Exemplare bestellt. Als Achille Ratti, der spätere Papst Pius XI., noch Direktor der Ambrosiana in Mailand war, besorgte er in den Jahren 1890 bis 1899 die letzte wissenschaftliche Ausgabe der Kirchenakten.

Karl Borromäus hatte sich schon im ersten Jahr seiner Mailänder Tätigkeit um eine Druckerei bemüht. Im Jahre 1565 erbat er von Bischof Delfino aus Venedig Schrifttypen und Tinte. Zunächst arbeitete er mit einer alteingesessenen Buchdruckerfamilie zusammen, deren Druckerei nicht allein für seinen Bedarf zur Verfügung stand. Nach dem ersten Provinzialkonzil indessen nennt sich der Drucker Pacifico Ponzio ›Impressore dell'Ill.mo Cardinale et Arcivescovo‹, Drucker des Kardinals und Erzbischofs. Diese Druckerei druckte für Karl Borromäus die Synodal- und Konzilsakten sowie liturgische Bücher und Kalender, bis zu dem Zeitpunkt, als Karl einen zweiten Versuch unternahm: Seit 1576 bemühte er sich darum, im Seminar eine eigene Druckerei einzurichten. Drucke dieser zweiten Werkstatt sind jedoch erst ab 1579 nachweisbar.

Was ließ der heilige Karl drucken? 1579 erschien z. B. das Edikt über die Beobachtung der Fastenzeit als Konkretisierung entsprechender Konzilsbeschlüsse von Trient; darüber hinaus wurden gedruckt: Instruktionen für die Priester, Statuten für die Oblaten, ›Lettere sopra l'Advento‹ (Briefe zum Advent), Dekrete und Konstitutionen, liturgische Bücher. Die Drucke des Seminars tragen im Impressum die Bezeichnung ›Ex Officina Semina-

Der Erzbischof hielt insgesamt elf Diözesansynoden und sechs Provinzialkonzilien

rii‹ oder ›Ex Officina Michaelis Tini‹ (s. Titelblatt S. 58). Mit der wachsenden Spannung zwischen dem spanischen Statthalter und dem Erzbischof in Mailand verminderten sich die Druckaufträge für Pacifico Ponzio, da dieser mit dem Statthalter verwandt war. Nun erscheint an dessen Stelle als ›Stampatore del Seminario‹ (Drucker des Seminars) Michele Tini oder Tino. Doch auch letzterer hatte unter der spanischen Herrschaft in Mailand zu leiden. 1580 wurden die Drucker festgenommen und verhaftet, weil sie ein ›Flugblatt‹ ohne Erlaubnis des Senats gedruckt hatten.

Das Bemühen Karls um die Druckereien zeigt indessen, daß er sehr wohl auch die modernen technischen Mittel für seine apostolische Arbeit zu nutzen wußte. Ihm war klar, daß eine weite und rasche Verbreitung der Schriften die pastorale Arbeit entscheidend erleichtern konnte und somit die Reform beschleunigen würde.

CONCIONVM
P. F. LVDOVICI
GRANATENSIS

THEOLOGI ORD. DOMINICANI

TOMVS PRIMVS.

De tempore, quod eſt a prima Dominica
Aduentus, uſq; ad Quadrageſimæ
initium.

MEDIOLANI,

Ex Typographia Michaelis Tini.

∞ D. XXCV.

Briefliche Nachrichten über die Mailänder Druckerei

»*Qui in Milano non c'è altra stampa, (fuori) de quella che io ho fatto venire apposta per le cose che occorono da far stampare alla giornata per mio servitio.*«

»*La stampa (che io ho fatto venire) serve per il S. Basilio del Gallesino et servira anche presto per il secondo Concilio Provinciale: sicchè l'amico del Conte di Portia serà meglio dei si risolva di mandar a Venetia quella parte del Nazianzeno che voi scrivete.*«

»*Hier in Mailand gibt es keine andere Druckerei, außer der, die ich gegründet habe mit der Absicht, daß sie mir für die täglich anfallenden Schreiben, die zu drucken sind, ihren Dienst erweist.*«

»*Die Presse (die ich herkommen ließ) dient für den Druck von ›S. Basilio‹ in der Übersetzung des Gallesino und wird für das 2. Provinzialkonzil nützlich sein. Also wird der Freund des Grafen Portia besser daran tun, sich zu entschließen, in Venedig anzufragen für den Teil des ›Nazianzeno‹, den ihr schreibt.*«

Brief vom 30. 12. 1569. Lett 261. F. 42. Ambrosiana, Mailand

Aus den ›Acta Ecclesiae Mediolanensis‹

1. Provinzialsynode 1564
Über Reliquienverehrung

»*De sanctarum Reliquiarum veneratione*
Ut sanctorum Reliquiis, quae debuter, veneratio, et cultus adhibeatur, statui-
mus, ut in locis honestissimis, ac decoris vasculis, qua debent religione asser-
ventur.
Cum populo pietatis causa ostenduntur, lumina accendantur.
Ex loculis vero et receptaculis, ubi conditae sunt, ne educantur.
Ne temere exponantur omnium oculis.
Neve quaestus gratia.
Caetera etiam de Reliquiis, quae Sacra Tridentina Synodo decreta sunt, Epis-
copus inviolate servari jubeat.«

»*Die Verehrung heiliger Reliquien*
Damit die Reliquien der Heiligen geziemend verehrt und gefeiert werden, le-
gen wir fest, daß sie einen Ehrenplatz bekommen und in schmuckvollen Ge-
fäßen aufbewahrt werden sollen, wie es dem religiösen Sinn entspricht.
Wenn die Reliquien den Gläubigen zur Verehrung gezeigt werden, soll man
Lichter anzünden.
Von ihren festen Plätzen und aus ihren Gefäßen dürfen die Reliquien nicht
weggenommen werden.
Sie werden nicht unbesonnen, ohne Grund vor aller Augen ausgestellt und
nicht veräußert.
Alles andere über die Reliquien muß der Bischof beachten und einhalten, so
wie es vom Konzil in Trient angeordnet wurde.«

Ausgabe: Patavii, Typis Seminarii 1754, S. 4. Passauer Staatsbibliothek Ng (b) 40/1 2°

Schreiben des Erzbischofs an König Philipp II.

Unmittelbar nach Drucklegung der Dekrete der ersten Provinzialsynode sandte Karl Borromäus eine Kopie der Dekrete an den König von Spanien, Philipp II., und fügte dem Band folgendes Schreiben bei:

An Eure Allerchristliche Majestät

Da die Beschlüsse der Provinzialsynode, die im vorigen Jahr in dieser Metropolitanstadt Mailand abgehalten wurde, nun gedruckt vorliegen, hielt ich es für angebracht, sie Eurer Majestät aus einem Gefühl der Dankbarkeit heraus und in treuer Gesetzespflicht zu übersenden, wie ich es nun de facto tue mit der Bitte, daß Sie deren Durchführung unterstützen wollen, gemäß Eurer großen Frömmigkeit und Eures großen Eifers, sowohl in dieser Stadt als auch in den anderen Städten unserer Provinz. Eure Majestät herrschen über diese Städte; das erste und einzige Ziel unserer Synode war die Ehre Gottes und die Erneuerung seiner Heiligen Kirche.

Indem ich das alles dem Herrn Nuntius anvertraue, der Eurer Majestät den Band in meinem Namen übergeben wird, küsse ich Euch ehrerbietig die Hand und bitte Gott, unseren Herrn, daß Er Eure Majestät erhalten möge. Mailand, den 12. September 1566
(Carlo Borromeo)

In: Memorie storiche della Diocesi di Milano.
Carlo Marcora, I primi anni dell'espicopato di S. Carlo (1566–1567), Vol. X (1963), S. 572

CATECHISMI RO-
MANI EX DECRETO CON-
CILII TRIDENTINI, AD PARO-
CHOS, SANCTISS. D.N. PII QVINTI
iuſſu editi,

PROOEMIVM.

In quo diſertè explicatur I. quàm ſint ſempeŕque fuerint neceſſarij
Diuinarum rerum interpretes & fidei Doctores, quorum ſermones
tanquàm Dei verba recipienda ſint. 2. quo pacto propter hæretico-
rum ſtudia & conatus, noſtro ſeculo ſyncera Diuini verbi annuncia-
tio maximè fidelibus ſit neceſſaria. 3. quibus rationibus & cauſis
permota Tridentina ſynodus ad hunc Catechiſmum pro Parochis
edendum. 4.quid paſtores & concionatores ante omnia
in doctrina Chriſtiana conſiderare & alijs tradere,
deindè, quam in ea tradenda rationem ac
modum tenere debeant.

A EST HVMANAE men-
tis & intelligentiæ ratio, vt,
cùm alia multa, quæ ad Diuinarum rerum cognitionḗ per-
tinent, ipſa per ſe, magno ad-
hibito labore & diligentia, in-
ueſtigauerit ac cognouerit,
maximam tamen illorum par-
tem, quibus æterna ſalus cṓ-
paratur, cuius rei in primis cau-
ſa homo cṓditus, atq; ad ima-
ginem & ſimilitudinem DEI

Fidei præ-
cones quàm
ſint neceſ-
ſarij.

a 3 crea-

Textseite aus dem Römischen Katechismus, der auf Veranlassung von Johannes Graf von
Hoya, Bischof von Münster, Osnabrück und Paderborn 1572 bei Quendel in Köln gedruckt
und verlegt wurde.

VORREDE

in welcher deutlich erklärt wird, erstens, wie notwendig die Interpreten der göttlichen Dinge
und die Gelehrten in Glaubenssachen sind und immer gewesen sind, deren Äußerungen
gleichsam wie Worte Gottes aufgenommen werden müssen; zweitens, warum wegen der Bemühungen und Versuche der Häretiker eine reine Verkündigung des göttlichen Wortes für die
Gläubigen in unserem Zeitalter höchst notwendig ist; drittens, aus welchen Erwägungen und
Gründen die Tridentinische Synode dazu veranlaßt worden ist, diesen Katechismus für die
Pfarrer zu veröffentlichen; viertens, was die Pfarrer und Prediger vor allem in der christlichen
Lehre beherzigen und anderen ans Herz legen müsen, weiterhin welche Methode und Weise
sie bei der Weitergabe derselben anwenden müssen.

Der Römische Katechismus

Karl Borromäus hatte die Erfordernisse einer inneren Reform der Kirche klar erkannt, zu denen er besonders die Überwindung der religiösen Unwissenheit rechnete. Seine weitschauenden Pläne umfaßten die Bildung und Erziehung von Menschen aller sozialen Schichten und Altersgruppen, für die er Schulen gründen wollte.

Auf seinen Firmreisen nutzte der Erzbischof von Mailand die Gelegenheiten zur katechetischen Unterweisung der Firmlinge. Auch schickte er Weltpriester und Ordensleute in die Gemeinden zur Katechese und baute die Sonntagsschule auf, in der die Gläubigen im Anschluß an den Gottesdienst im Grundwissen des Glaubens unterrichtet wurden. Der Wunsch, die katholische Lehre zu verbreiten, prägte das Schaffen Karls. Darauf weist auch J. A. Keller im Zusammenhang mit der Jugenderziehung hin: »Aus den vom heiligen Karl Borromäus gegebenen Anweisungen für die religiöse Erziehung der Jugend, die in den Acta Ecclesiae Mediolanensis niedergelegt sind, läßt sich unschwer eine Katechetik zusammenstellen.«[18]

Dieser praktischen Arbeit für die Katechese war in der Zeit der vatikanischen Dienste eine bahnbrechende Arbeit vorausgegangen: die Bearbeitung des ›Catechismus Romanus‹. Anfang November 1565 schrieb Karl Borromäus an Kardinal Heinrich in Portugal: »Wir haben den Katechismus, welcher ein sehr vorzügliches Werk ist und fast alle Vorschriften eines heiligen und wahrhaft christlichen Lebens in sich fasset, unter seiner tätigen Mithilfe beinahe zu seiner Vollendung gebracht.«[19] Karl bezieht sich in diesem Schreiben auf die Mithilfe des Dominikaners Francesco Foreiro. Wie war es zu dem Römischen Katechismus gekommen? Die Konzilsväter hatten nicht nur Missale und Brevier herauszugeben, sondern auch die ›Christenlehre‹ in einem Katechismus festzulegen. Doch während des Konzils war es lediglich zu vorbereitenden Arbeiten gekommen. In der letzten Konzilssitzung übergaben die Konzilsväter die unvollständigen Bearbeitungen Papst Pius IV., der diese Arbeit unverzüglich fortsetzen ließ. Nach Aufhebung der Kirchenversammlung ließ der Heilige Vater sogleich Karl Borromäus das Werk fortführen und zu Ende bringen. Dieser wählte vier Theologen zur Bearbeitung aus. Es handelte sich um Erzbischof Leon Marino OP v. Lanciano, Erzbischof Muzio Callini v. Zara, Erzbischof Egidio Foscarari OP v. Modena und den bereits erwähnten Dominikaner Francesco Foreiro. Später kamen noch weitere Mitarbeiter wie die Kardinäle Silvio Antoniano und Scripando hinzu. Unter Aufsicht des hl. Karl wurde der erste Entwurf fertiggestellt; Kardinal Guill. Sirlet nahm die letzte Revision vor. Die Humanisten Giulio Poggiani und Paolo Manuzio übertrugen den Text ins klassische Latein. Der ›Catechismus Romanus‹ konnte dann unter Pius V. im Jahre 1566 in lateinischer und italienischer Sprache herausgegeben werden. Schon kurze Zeit später wurde er als Grundlage für die

Glaubensunterweisung in Italien, Frankreich, Deutschland und Polen eingeführt. Es erschienen nicht nur 13 Auflagen in lateinischer Sprache, sondern der Katechismus wurde auch bald in die einzelnen Landessprachen übersetzt. In Deutsch erschien er zuerst 1568 durch Paul Hoffäus in Dillingen, zwei Jahre später dann in Neiße/Schlesien.

Die vier Hauptstücke sind ausführlich und grundlegend abgefaßt. Sie behandeln die Glaubensartikel, das Symbolon oder Credo (1. Teil), die sieben Sakramente (2. Teil), die zehn Gebote (3. Teil), das Gebet und das Vaterunser (4. Teil). In der anschließenden ›Anwendung des Katechismus‹ werden die einzelnen Katechismusaussagen den Sonntagen des Kirchenjahres zugeordnet, so daß sich zu jedem Sonntagsevangelium rasch der entsprechende Katechismuskommentar finden läßt. Ein Sachregister schließt den Katechismus ab.

Das 16. Jahrhundert war eine Epoche der Katechetik. Der Glaubensschwund in der Zeit der Renaissance, die protestantische Christenlehre und die Notwendigkeit von Reformen innerhalb der katholischen Kirche veranlaßten großartige, durch Jahrhunderte nachwirkende katechetische Leistungen. Auf sie kann hier nur summarisch eingegangen werden.

Seit 1555 erschienen die drei Katechismen des ersten deutschen Jesuiten Petrus Canisius, die bis zu seinem Tod (1597) 200 Auflagen erlebten und mindestens in 15 verschiedenen Sprachen übersetzt wurden. Die drei Katechismen haben unterschiedliche Zielgruppen vor Augen. Die Erstausgabe des Großen Katechismus für Studenten und Oberklassen der Kollegien erschien 1555 in Wien unter dem Titel ›Summa Doctrinae Christianae‹. Für den ersten Religionsunterricht kam ein kurzer Auszug des Kleinen Katechismus deutsch 1558 in Köln heraus. Ein größerer Auszug für Schüler von Gymnasien wird als Mittlerer Katechismus bezeichnet. Er soll bis ins 18. Jahrhundert etwa 500 Auflagen erreicht haben, war also ein Bestseller in seiner positiv-aufbauenden Art.

Die lutherischen Katechismen und die meisten katholischen Katechismen des 16. Jahrhunderts stimmen in der didaktischen Form ihres Aufbaus (Frage- und Antwort-Schema) weitgehend überein.

Luther hat im Kleinen und Großen Katechismus die protestantische Christenlehre jener Zeit erläutert. Die Vorreden wenden sich an Pfarrherren, Schulmeister, Hausväter, an die Jugend und an die Kinder. Die Katechismen beginnen mit den zehn Geboten, behandeln danach den Glauben, das Vaterunser und die Sakramente der Taufe, des Altares und der Beichte.

Bei allen formalen Gemeinsamkeiten sind jedoch inhaltlich oftmals beträchtliche Unterschiede zwischen lutherischen und katholischen Katechismen festzustellen. Hier sei nur einmal ein Blick auf die unterschiedliche Auffassung von der Beichte bei Luther und Canisius geworfen: Während Canisius im Anschluß an die überlieferte Glaubenslehre Reue, Bekenntnis und Buße als konstitutive Merkmale der Beichte aufführt, erwähnt Luther

Der hl. Karl Borromäus

Gemälde von Ambrogio Figini (1548–1608), Mailand, Pinacoteca Ambrosiana. Von
diesem Porträt sagte Kardinal Federico Borromeo, der Vetter und spätere Nachfolger
des Heiligen auf dem erzbischöflichen Stuhl von Mailand und Begründer der ambrosianischen Pinakothek, es gelte als das beste Kopfbild, das von Karl gemalt worden sei.

lediglich das Bekenntnis und betont die Notwendigkeit der subjektiven Glaubensgewißheit.

<table>
<tr><td>

Luther
Was ist die Beichte?

</td><td>

Canisius
Was gehört zur wahren Buße eines Sünders?

</td></tr>
<tr><td>

Die Beichte begreift zwei Stücke in sich: Eines, daß man die Sünde bekenne; das andere: daß man die Absolution oder Vergebung vom Beichtiger empfange, als von Gott selbst, und ja nicht daran zweifle, sondern fest glaube, die Sünden seien dadurch vergeben vor Gott im Himmel.

</td><td>

Drei Dinge muß er an sich haben. Erstlich herzlich Reue, Leid und Bekümmernis über seine begangenen Sünden mit dem ernstlichen Vorsatz sein sündiges Leben zu bessern. Zum anderen gehört dazu die Beichte, daß er die Sünde einem ordentlichen Priester mündlich anzeige und unterschiedlich bekenne. Zum dritten gebührt ihm Genugtuung daß er sich selber der vergangenen Sünde wegen beurteilt und strafe, auch vom Priester strafen lasse und zu den rechtschaffenen Früchten der Buße sich willig begebe.

</td></tr>
</table>

Ein weiterer Katechismus des 16. Jahrhunderts muß erwähnt werden, der durch Beschluß des 1. Vatikanischen Konzils in der gesamten Kirche eingeführt wurde: »Des Ehrw. Kard. Rob. Bellarmins Kleiner Katechismus, verfaßt im Auftrage Sr. Heiligkeit, des Papstes Clemens VIII. ... aus dem Jahr 1598.« Die Bruderschaften von der christlichen Lehre haben ihn in italienischer Sprache in Rom herausgegeben. Im Laufe der Zeit wurde er in 60 Sprachen übersetzt und etwa 400mal aufgelegt.

Mit einem Beispiel aus dem Katechismus Bellarmins wollen wir zum Tridentinischen Katechismus zurückkehren und dabei aufzeigen, wie sehr sich ein Katechismus als Lernbuch des Schülers didaktisch vom Handbuch des Katecheten, wie es der Römische Katechismus zunächst einmal darstellt, unterscheidet. Bei Bellarmin heißt es:

Lehrer: *Warum wird diese Kirche heilig und katholisch genannt?*
Schüler: *Heilig wird sie darum genannt, weil sie ein heiliges Haupt hat, welches Christus ist, weil sie viele heilige Glieder, einen heiligen Glauben, ein heiliges Gesetz und heilige Sakramente hat; und katholisch wird sie genannt, weil sie allgemein ist.*

Demgegenüber sagt der Tridentinische Katechismus zur selben Frage:

Warum die Kirche Christi katholisch ist.
Die dritte Eigenschaft der Kirche ist, daß sie katholisch, d. h. allgemein, genannt wird; welche Benennung ihr mit Recht beigelegt ist, weil sie, wie der heilige Augustinus bezeugt, »vom Aufgang der Sonne bis zum Niedergang im Glanze des Einen Glaubens sich ausdehnt.«
Überdies gehören alle Gläubigen, welche von Adam bis auf diesen Tag gelebt haben und noch leben werden, so lange die Welt steht, und welche den wahren Glauben bekennen, zu derselben Kirche, welche auf dem Fundamente der Apostel gegründet ist und der Propheten, da sie Alle erbaut und gegründet sind auf jenem Eckstein Christus, welches Beides zu Einem gemacht und den Frieden Jenen verkündet hat, welche nah, und Jenen, welche ferne. Allgemein heißt sie auch aus dem Grunde, weil Alle, welche das ewige Heil zu erreichen wünschen, dieselbe festhalten und umfassen müssen, geradeso wie jene, welche in die Arche traten, um nicht in der Flut zugrunde zu gehen.

Im Römischen Katechismus folgen den Fragen also keine kurz und prägnant formulierten Antwortsätze zum Auswendiglernen. Die Antworten sind vielmehr beschreibend-interpretierende Ausführungen, die die geistige Durchdringung der Glaubenslehre erleichtern sollen.

Insgesamt lassen sich in der Bibliothek Karls fünf Katechismen nachweisen: drei Ausgaben des Tridentinischen Katechismus, ein Katechismus des Petrus Canisius und ein Katechismus des Mainzer Weihbischofs Michael Helding (1506–1561), der als Mainzer Katechismus oder ›Catechismus Mersburgensis‹ bezeichnet wird.

Wie froh mochte Karl Borromäus gewesen sein, mit dem neuen Katechismus nun eine ausführliche und zuverlässige Anleitung für die Glaubensverkündigung zur Verfügung zu haben. Der religiöse und sittliche Verfall jener Zeit war ja nicht zuletzt eine Folge der Unwissenheit – dies wußte Karl, ohne daß er deswegen resigniert hätte. Im Gegenteil faßte er die Situation vor allem als Herausforderung für die Seelsorger auf, die der mangelhaften Glaubensbildung mit einer vertieften katechetischen Arbeit begegnen sollten. Jedoch: Niemand gibt, was er nicht hat. Insofern ist es leicht verständlich, wenn Karl in der Ausbildung der Priester ein vorrangiges Anliegen seiner Zeit sah.

Die Bildungseinrichtungen für Klerus und Volk

Ein zentrales Anliegen der Kirchenreform des 16. Jahrhunderts war die Hebung des Bildungsniveaus bei Klerus und Volk. Insbesondere bestand die Notwendigkeit einer vertieften Priesterausbildung. Für Karl Borromäus war es offensichtlich, daß eine fundierte wissenschaftliche und asketische Schulung des Klerus eine unverzichtbare Voraussetzung für die Glaubenserneuerung im Kirchenvolk darstellte. In der Tat wurde denn auch die innere Reform der Kirche wesentlich von glaubensstarken Priestern und Bischöfen getragen, bei denen Frömmigkeit und theologische Bildung Hand in Hand gingen. Der Bischof von Augsburg, Otto von Truchseß, hatte bereits im Jahre 1549 ein Priesterseminar in Dillingen gegründet. In England ist es Kardinal Pole gewesen, der sich in den fünfziger Jahren um eigene Ausbildungsstätten für Priester bemühte.

Für die Einrichtung von Seminaren spielten die Jesuiten eine entscheidende Rolle. Im 16. Jahrhundert schufen sie eine Fülle von vorbildlich geführten Kollegien und Schulen: 1552 in Wien, 1556 in Köln, Prag und Ingolstadt, 1559 in München, 1560 in Trier – um nur einige zu nennen. Zwischen 1564 und 1618 wurde das Netz der Jesuitenkollegien dann immer dichter. Das Germanicum in Rom erhielt seine Statuten 1552 durch den heiligen Ignatius. Es spielt bis zum heutigen Tag eine wichtige Rolle in der Ausbildung der Kleriker.

Das Konzil von Trient hat das Anliegen der Priesterausbildung als vordringliches Thema auf seine Tagesordnung gesetzt und in der 23. Sitzung durch Dekret die Einrichtung von Priesterseminaren in den einzelnen Diözesen angeordnet. Seitdem spricht man vom ›tridentinischen Seminar‹, von dem in der Folgezeit vielerorts ungezählte Gründungen entstanden. Die tridentinischen Bestimmungen über die Einrichtung von Seminaren (Seminarium [lat.] = Pflanzschule) umfaßten die Aufnahmebedingungen, die Lebensweise, Erziehung, geistliche Kleidung, den Kirchendienst und auch finanzielle Grundregelungen. Dabei fällt auf, daß das Mindestalter für die Aufnahme mit zwölf Jahren angegeben wird. Tonsur und geistliche Kleidung waren für die Kleriker selbstverständlich, und der Bischof war für die Versorgung und Erziehung der künftigen Priester zuständig und verantwortlich.

Bei dem Dekret für die Einrichtung von Priesterseminaren haben wir es wiederum mit einem Konzilsbeschluß zu tun, für dessen Durchführung Karl Borromäus leitbildhaft vor uns steht. Schon von Rom aus hat sich der Erzbischof um die Einrichtung eines Priesterseminars für seine Mailänder Kirchenprovinz gesorgt. In seinem Auftrag übernahm dann Generalvikar Ormaneto die unmittelbaren Vorbereitungen zur Einrichtung des ersten Mailänder Priesterseminars, dessen Anfänge eine Internatsschule für Priesteranwärter (1565) bildete. Karl Borromäus gründete insgesamt drei Seminare in Mailand, denen bald weitere auf dem Land folgten. Eines richtete er für den Stadtklerus, ein anderes für die Landgeistlichen ein, und ein drittes, das ›Helvetische Seminar‹ speziell für jene Priesteramtskandidaten, die ihre pastorale Arbeit in den protestantisch geprägten schweizerischen Tälern aufnehmen sollten. Die Studenten mußten zunächst die Knabenschule als vorbereitendes Institut durchlaufen, bevor sie dann in den Seminaren die Vorlesungen und Übungen besuchen konnten. Zu ergänzenden Studien und geistlicher Erneuerung rief der Erzbischof die Studenten in zwei eigens zu diesem Zweck eingerichtete Häuser zusammen.

Bemerkenswert ist das persönliche Engagement Karls, mit dem er sich der Organisation der Ausbildung widmete. So hat er nach dem zweiten Provinzialkonzil eine Seminarordnung verfaßt, die in drei Teilen 27 Einzelkapitel enthält. In ihr werden Fragen der Seminarverwaltung geregelt, sowie die Aufgaben der Mitarbeiter und die Pflichten der jungen Kleriker beschrieben. Karl erstellte auch detaillierte Lehrpläne, in denen die Studieninhalte festgelegt sind. Sie umfaßten das Studium der Grammatik ebenso wie die Schriften Ciceros und des heiligen Ambrosius. Vorgesehen war auch die Lektüre der ›Katechismus-Studien‹ von Canisius. Rhetorische Übungen begleiteten die philosophischen und theologischen Studien. Besonders hervorgehoben ist die Notwendigkeit, das Predigen zu üben und den Choralgesang nicht zu vernachlässigen. Schließlich werden in einem umfassenden Jahresplan die täglichen Stundenpläne und die Ferienzeiten festgelegt. Als Mitarbeiter des Seminars erscheinen Rektor, Minister, Beichtvater, Lehrer, Studienpräfekt, Präfekt, Schatzmeister und andere. Nachdem ihre Funktionen näher beschrieben worden sind, werden die Pflichten des jungen Klerikers hinsichtlich Ordnung, Benehmen, Kleidung, religiösen Übungen und Studium genau umrissen. Im Schlußkapitel der Seminarordnung ist auch von der möglichen Entlassung aus dem Seminar die Rede. Die Präzision der Einzelbestimmungen ist ersichtlich etwa aus der Verordnung Karls für die Seminarbibliothek und deren Präfekten (vgl. S. 72).

Zutreffend charakterisiert Markus Siebengartner das Wirken Karls wie folgt: »In Italien übte Karl Borromäus maßgeblichen Einfluß auf die Errichtung und Ausgestaltung der Seminarien aus. Zuerst hatte er Jesuiten für seine Seminare berufen, bald übergab er sie den Weltpriestern... Die Oblaten übernahmen auch Seminare. Das Mailänder Seminar wurde weltberühmt. Die Art seiner Einrichtungen diente vielen Bischöfen als Muster.«[20]

Neben der religiös-pastoralen Ausbildung des Klerus ging es dem Mailänder Bischof aber auch um die Hebung des Bildungsniveaus im Volk. Von hier ausgehend erklärt sich sein starkes Engagement für die ›Gesellschaft der Schulen christlicher Lehre‹, die 1536 von dem Priester Castellino de Castello gegründet worden war. Die von dieser Gesellschaft betriebenen ›Glaubensschulen‹ für das Volk förderte Karl mit allen Mitteln und trug mit

Karl Borromäus fördert die Schulen für den christlichen Unterricht

Satzungen und Bestimmungen auch wesentlich zum organisatorischen Gerüst dieser Schulen bei. Auch dabei erwies sich Karl als jene starke Erzieherpersönlichkeit, für die die katholische Religion Grundlage des gesamten menschlichen Daseins und daher auch Basis einer vollwertigen Bildung ist. Ein besonderes Augenmerk richtete Karl auf die Bildung jener Laien, denen aufgrund ihrer gesellschaftlichen Stellung die Funktion von ›Multiplikatoren‹ zukam. So entstand in Pavia das ›Borromäum‹ (Almo Collegio Borromeo) für begabte, aber minderbemittelte Studenten. Sie absolvierten dort ihr ziviles Studium, erhielten aber darüber hinaus auch eine solide religiös-asketische Ausbildung. Obschon Papst Pius IV. bereits früher das Institut bestätigte, konnte es erst im Jahre 1581 seine Arbeit mit zehn Schülern aufnehmen. Mittlerweile war in Pavia 1569 ein ähnliches Haus, das Studentenheim Ghislieri, gegründet worden. Ein eigenes Kolleg für Adlige,

Karl Borromäus gründet das Mädchen-Waisenhaus ›Della Stella‹ an der Porta Vercellina

das ›Collegio dei Nobili‹, entstand in Mailand. In diesem Zusammenhang muß noch auf das berühmte Jesuitenkolleg und Gymnasium der Brera hingewiesen werden. Karl hegte auch den Wunsch nach einer eigenen Universität in Mailand.

Unter den zahlreichen Einrichtungen, die Karl Borromäus im Laufe seines Lebens gegründet bzw. gefördert hat, sei hier noch die ›Casa pia‹ erwähnt, eine Bildungseinrichtung für Mädchen in Rom. Für Jungen wurden ähnliche Stätten in Brivio, Mailand und Jacino geschaffen. Weiterhin seien noch drei Mailänder Einrichtungen genannt: das Mädchen-Waisenhaus als Wirkstätte der Ursulinen, die Gewerbliche Schule für Handarbeiten und ein Haus der Jugendfürsorge.

Eine pädagogische Meisterleistung war die umfangreiche Erziehungslehre, die Karl den römischen Pädagogen Silvio Antoniano schreiben ließ
(vgl. S. 73). Dieser war eine Zeitlang Sekretär Karls in Rom gewesen. Teil-
nehmer der ›Vatikanischen Nächte‹ und auch nach dem Tridentinum ein
Freund und Mitarbeiter Karls. Seit Ende der siebziger Jahre arbeitete An-
toniani im Auftrag Karls am Entwurf einer groß angelegten Erziehungslehre. Er schrieb das Werk in drei Büchern mit Unterbrechungen, so daß
die Veröffentlichung erst im Jahre 1583 erfolgen konnte. Von Mailand aus
erkundigte sich Karl mehrmals nach dem Fortgang der Arbeit. Die pädagogische Schrift Antonianis entsprach ganz und gar den Vorstellungen Karls.
Es fällt auf, daß Vater und Mutter als Ersterzieher des jungen Menschen besonders hervorgehoben werden. »Das Fundament einer guten Erziehung
erblickt der Verfasser in einer wahrhaft christlichen Ehe ... Die Familie ist
die erste und notwendigste Erziehungsstätte, die von Gott selbst gegründete Schule.«[21] Es mag Karl auch gefreut haben, daß das von ihm angeregte
Buch ausdrücklich auf die Anweisungen des Trienter Konzils Bezug nimmt
und die Hauptpunkte des Römischen Katechismus im zweiten Buch leicht
faßlich darstellt. Das Werk Antonianis bringt einmal mehr die pädagogische Grundidee Karls zum Ausdruck, daß nämlich die christliche Gesellschaft vor allem und in erster Linie durch eine qualifizierte Erziehung der
Jugend erneuert wird. Es beleuchtet andererseits die große Verantwortung
der christlichen Pädagogen, die den Eltern dabei helfen sollen, die Voraus-
setzungen für ein lebendiges Glaubensleben des Kindes zu schaffen.

Karl, der heiligen römischen Kirche Kardinal, Erzbischof von Mailand

Verordnungen für die Seminare 1580

2. Teil 9. Kap.: Die Bibliothek und deren Präfekt
»Für die Bibliothek soll ein eigener Saal im Seminar reserviert sein, wo Bücher und Handschriften aufbewahrt werden. Dort sollen Gestelle angebracht sein, in denen die Bücher und Schriften nicht in Haufen, sondern wohlgeordnet aufzustellen sind. Auch ein Katalog muß da sein, in dem sachweise oder in alphabetischer Folge alle Bände eingetragen sind nebst Druckort und Format. Dieser Katalog ist an bestimmtem Orte dauernd aufzubewahren. Nachträge für irgendwelche Zugänge sind darin nachzutragen.
Für die Bibliothek ist ein eifriger Bibliothekar anzustellen. Dieser hat für die saubere, unbeschädigte Erhaltung der Bücher zu sorgen; Staub, der sich allenfalls festsetzt, soll er wegwischen lassen. Besonders muß er achtgeben, daß die Bücher nicht durch Feuchtigkeit leiden oder von den Mäusen zerfressen werden.
Vom Rektor erhält er die Mittel, um Bücher, die durch Alter, Wurm oder Schimmel verunstaltet sind, durch den Buchbinder reinigen zu lassen. Zerrissenes und schlecht Geheftetes soll ausgebessert, Broschiertes mit Deckeln oder Leder gebunden werden.
Der Bibliothekar halte ein Verzeichnis der auf Veranlassung des Rektors an die Lehrer oder andere Personen hinausgeliehenen Bücher, worin er bei der Rückgabe die Namen ausstreicht. Zöglinge, denen er Bücher geliehen, müssen dieselben innerhalb sechs Monaten zurückbringen (wenn nicht Austritt oder sonst ein Grund die frühere Ablieferung nötig macht), damit sie dann nach Gutdünken an dieselben von neuem abgegeben werden oder, wenn nötig, andern unter obiger Bedingung ausgeliehen werden können.
Auch das eine oder andere Exemplar des Index der verbotenen Bücher soll in Händen des Bibliothekars sein und dieser sorge, daß kein derartiges Buch in der Bibliothek aufbewahrt werde. Entdeckt er ein solches, so soll er es zur Korrektur dort anmelden, wo er weiß, daß die Berechtigung dazu vorhanden ist.«

In: Ratti, Acta eccl. Mediol. III 1892. 93ff.

Silvio Antoniano: ›Die christliche Erziehung‹
(Auswahl von Kapitelüberschriften)

Dt. von Franz Xaver Kunz, Freiburg 1888

Das heraldische Zeichen stellt das Wappen Karls dar, das ursprünglich in einer erweiterten Form das Familienwappen der Borromeos war. Dieses veränderte er dergestalt, daß nur noch das gekrönte Wort HUMILITAS (Demut) im Wappen erscheint.

74

Liturgie und Kirchenmusik

Karl Borromäus war betroffen angesichts der zahlreichen Mißbräuche und der mangelnden Wertschätzung der liturgischen Feiern in seiner Diözese. Er wußte, daß der Mensch als ein aus Leib und Seele bestehendes Wesen der sinnlich wahrnehmbaren Zeichen des Kults als einer Hilfe bedarf, um sein geistig-geistliches Verhältnis zu Gott zu vertiefen. Vor allem aber sah Karl in den einheitlich vollzogenen liturgischen Handlungen ein hervorragendes Mittel, um die Einheit der Kirche zu stärken. Die Bestimmungen des Trienter Konzils, besonders die Dekrete der 13. Sitzung, wurden für Karl Borromäus zur Richtschnur seines pastoralen Programms, das gerade auch eine liturgische Erneuerung mit einschloß. Dabei wollte er einerseits die überlieferte Tradition neu aufleben lassen, andererseits Änderungen und Neuerungen einführen, wo diese angebracht erschienen.

Der Erzbischof erkannte schnell, daß eine grundlegende kirchliche Gesetzgebung für die Liturgie fehlte. Reformvorschläge hat es genug gegeben, aber sie wurden nicht in die Tat umgesetzt. In der fehlenden liturgischen Ordnung sah Karl einen Grund für die Krise des liturgischen Lebens. Bei jeder Gelegenheit setzte Kardinal Borromäus sich daher dafür ein, daß die liturgischen Bücher bearbeitet, verbessert und neu herausgegeben wurden. In ihnen sollte die Liturgie festgeschrieben und vereinheitlicht werden. Er selbst bevorzugte die ambrosianische Liturgie in seiner Diözese und veranlaßte die Bearbeitung des ambrosianischen Missale und Breviers. Der ambrosianische Ritus war damals wie heute als Sonderform der katholischen Liturgie üblich und ist in vielen Bestandteilen älter als der römische. Das ambrosianische Missale wurde nur in wenigen Städten der Diözese durch das römische ersetzt und bereitete keine Bearbeitungsschwierigkeiten. 1560 war eine gute Ausgabe erschienen, in die lediglich neue Rubriken und Änderungen im Ordo missae einzufügen waren. 1579 konnte Karl zum Osterfest seinen Priestern die ›Instruktionen für die Meßfeier im ambrosianischen Ritus‹ vorlegen. In diesen Anweisungen kommt die große Liebe Karls zum Altarssakrament zum Ausdruck. Karl besaß einen tiefen Glauben an die wirkliche Gegenwart Christi in der heiligen Eucharistie: daran, daß nach der Wesensverwandlung des Brotes (Transsubstantiation) Jesus Christus mit Leib und Blut, Seele und Gottheit real unter der Gestalt des Brotes zugegen ist. Diese Glaubensüberzeugung verlieh Karl das nötige Gespür beim Erlassen der liturgischen Bestimmungen. Seine Anweisungen gehen bis ins kleinste Detail: beim Eintritt in die Kirche sollen die Gläubigen mit Weihwasser das Kreuzzeichen machen, das Knie vor dem Allerheiligsten im Tabernakel beugen und nur in dezenter Kleidung dem Gottesdienst beiwohnen. Nach dem Empfang der heiligen Kommunion sollen sie sich nicht zerstreuen, sondern noch eine Weile der stillen Danksagung widmen.

Die Priester forderte Karl auf, die zahlreichen und schwerwiegenden Mißbräuche in der Liturgie zu beseitigen. Damit strebte er etwas an, was viele Bischöfe schon vergeblich versucht hatten. Er kannte die Konzilsakten und wußte um die Eingaben, die eine liturgische Erneuerung anstrebten. Petrus Canisius z. B. hatte dem Nuntius Hosius eine Liste von Mißbräuchen überreicht. Diese Liste läßt auf große Deformationen der Liturgie im 16. Jahrhundert schließen: Die Ordnung des Kirchenjahres war überlagert von unzähligen Heiligenfesten und Votivmessen; zahlreiche marianische Zusätze im Ordo missae, z. B. beim Gloria, veränderten willkürlich die liturgischen Texte. Eine Vielzahl von Sequenzen und Präfationen waren beliebig eingefügt und mehrere Zeremonien eigenständig abgeändert. Bartholomäus de Martyribus hatte beim Konzil mit Nachdruck gefordert, daß die Priester nach dem Missale Romanum zelebrieren sollten, ohne Texte hinzuzufügen oder wegzulassen.

Das Konzil hatte die Richtlinien für eine Liturgiereform und die Revision des Missale festgelegt. Die eigentliche Arbeit aber lag bei der Durchführung der Beschlüsse in den Diözesen. Dieser Aufgabe stellte sich der Mailänder Erzbischof mit Leidenschaft. 1564 hatte der Papst ihn bereits zur Durchführung der Konzilsbeschlüsse in zahlreichen Kommissionen mitarbeiten lassen. 1582 erschien eine Ausgabe des Pontificale, an der Karl Borromäus mitgearbeitet hat. In seine Diözese brachte der Erzbischof dann die praktische Durchführung der liturgischen Erneuerungen vorbildlich, zielstrebig und, mit einer kirchlichen Gesetzgebung verbunden, äußerst wirksam voran.

Die Prozessionen waren für Karl Borromäus ein ganz wesentlicher Bestandteil des liturgischen Lebens. Er hat in einer freilich ungedruckt gebliebenen Handschrift, die in der Mailänder Ambrosiana unter dem Titel ›Liber Sacrarum Processionum Ritu Ambrosiano Caroli S.R.E. Cardinalis‹ aufbewahrt wird, mehr als zwanzig Prozessionen aufgeführt (z. B. in Zeiten der Pest, für Frieden und Eintracht unter den Regierenden, zur Übertragung von Reliquien usw.) und ihren Ablauf durch Festlegung der Gebete, Gesänge, Psalmen und Antiphonen geregelt.

Die zeitgenössischen Biographen rühmen das Aufblühen des liturgischen Lebens in Mailand. Bascapé schreibt: »Karl Borromäus sorgte dafür, daß alle Geistlichen, insbesondere diejenigen, die das Seminar besuchten, in liturgischen Fragen auf das beste unterwiesen wurden. Eine solche Vertrautheit mit der Liturgie mußte reiche Frucht tragen für die Frömmigkeit in der Mailändischen Kirche und besonders für die liturgischen Feiern im Dom.«[22]

Der Kirchengesang war wegen der übersteigerten Mehrstimmigkeit der Gesänge, der Mehrchörigkeit mancher Kompositionen und der weltlichen Melodien und Themen, die in die Meßgesänge eingeflossen waren, ebenfalls ein Diskussionsthema in Trient. Viele Bischöfe lehnten die Polyphonie ab, weil das Wort des gesungenen Textes nicht mehr verstanden wurde. Im Trienter Konzil wurde die Beimischung alles Profanen, Weichlichen, Ausgelassenen abgelehnt, die Verständlichkeit der gesungenen Worte gefordert, ebenso reine Klänge, die dem Gotteshaus als Gebetsstätte entsprachen. In Rom haben sich einige Kardinäle besonders um eine angemessene mehrstimmige Musik bemüht; zu ihnen gehört Karl Borromäus. Gemeinsam mit Kardinal Vitellozzo hielt er Besprechungen und Beratungen mit den Sängern der päpstlichen Kapelle ab. Nach Beendigung des Konzils begann die Arbeit der Kommission für die Kirchenmusik. Palestrina bekam zuerst den Auftrag, vorbildliche, den Forderungen des Tridentinums entsprechende Kompositionen vorzulegen. Im Hause des Kardinals Vitellozzo wurden mehrstimmige Kompositionen aufgeführt; Zustimmung fanden Kompositionen von Kerll (Konzilspreces), von Orlando di Lasso (Missa ferialis), vor allem aber Palestrina mit seiner Missa Papae Marcelli.

Hans Pfitzner (1869–1949) schrieb eine musikalische Legende in drei Aufzügen unter dem Titel ›Palestrina‹, deren Uraufführung 1917 in München stattfand. Das Werk macht die Verdienste Palestrinas und des Kardinal Borromäus für die polyphone Musik deutlich. Vor allem wegen seiner hohen stimmlichen Anforderungen ist es nur selten aufgeführt worden.

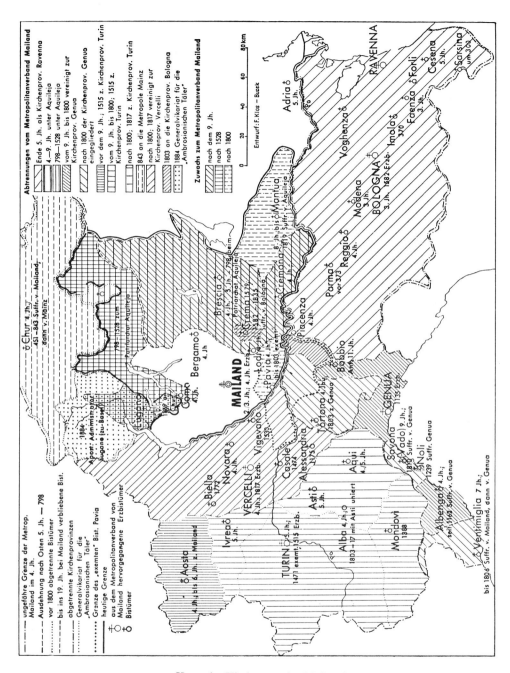

Karte der Kirchenprovinz Mailand

Karls Visitationsreisen und sein Bemühen um Klöster und Orden

Der Hirteneifer des Mailänder Erzbischofs zeigt sich besonders in seinen mit großem persönlichen Einsatz durchgeführten Pastoralvisitationen. Sie waren ein Instrument für die moralische und religiöse Reform, das den Bischöfen durch das Trienter Konzil noch einmal ausdrücklich ans Herz gelegt wurde. Schon 1566 hatte Karl ein Dekret zu den Pastoralvisitationen erlassen, in dem er anordnete, vor den Visitationen jeweils ein ›Status animarum‹ aufzustellen, eine Art geistliche Bestandsaufnahme, die dann für die Visitation als Grundlage dienen sollte. Im folgenden wollen wir einen Abschnitt von M. Bendiscioli wiedergeben, in dem die Pastoralvisiten Karls zutreffend charakterisiert werden:

»Seine Haupttätigkeit entfaltete der Heilige in den Pastoralvisiten; durch sie erreichte er am meisten für die moralische und religiöse Reform. Ganz systematisch führte er sie aus, nicht nur weil das Trienter Konzil sie vorschrieb, sondern aus der Überzeugung, daß nur die persönliche Anwesenheit, Aufmunterung und das eigene Beispiel die Mißbräuche kennen und ausmerzen und Volk und Klerus zu einem wahrhaft christlichen Leben führen könne. Viel war zu tun: die Wiederherstellung der kirchlichen Disziplin, die Hebung der Moral unter der Bevölkerung und die Abschaffung von Mißbräuchen beim Gottesdienst. Auf seinen ausgedehnten Reisen – das Bistum umfaßte auch drei schweizerische Talschaften des Kantons Graubünden – sprach Karl überall mit den führenden Persönlichkeiten, erkundigte sich über den Lebenswandel von Klerus und Volk, über die Beachtung der Kirchengebote, über die Sorgfalt der Eltern in der Kindererziehung, über allfälligen Luxus in der Kleidung, über die Beachtung der Klausurvorschriften in Klöstern, über Wohlfahrtseinrichtungen und deren Verwaltung. Alles wurde in einem Rechenschaftsbericht festgehalten, ebenso die erteilten Ermahnungen und Strafen. Besondere Aufmerksamkeit widmete er den Schweizer Tälern, in denen schwere Mißbräuche herrschten ... Die Reformtätigkeit des Erzbischofs in diesen Gebieten benützte nicht nur alle zu Verfügung stehenden pastoralen Hilfsmittel, sondern nahm auch Zuflucht zu diplomatischen, politischen und militärischen Maßnahmen.«[23]

Bemerkenswert ist ein Hirtenbrief Karls von 1577, in dem ausführlich die nötige geistliche Vorbereitung der Visitationen festgelegt wird. Demnach sollten die Gläubigen zunächst ein feierliches Triduum mit eucharistischer Anbetung begehen und am Tage des Bischofsbesuchs und der Verlesung des Hirtenbriefs möglichst zahlreich erscheinen. Es versteht sich von selbst, daß der Gottesdienst zu diesem Anlaß besonders feierlich begangen wurde, sei es, daß die Visitation in einer Pfarrei, einem Priesterseminar, einem Kloster oder in einer anderen kirchlichen Einrichtung abgehalten wurde. Die

Die Einkleidung der Kapuzinerinnen

Zu den Ordensgemeinschaften, die Karl in die Diözese Mailand einführte, gehören auch die
Kapuzinerinnen. Er ließ einige Frauen, die in Rom und Perugia nach der Regel der Barnabi-
ten lebten, nach Mailand kommen und errichtete ihnen ein Klausurkloster sowie die Kirche
Santa Prassede. Im Jahre 1579 legten zwanzig Kapuzinerinnen im Mailänder Dom feierliche
Profeß ab. Karl hielt das Pontifikalamt und die Festpredigt.

Pastoralvisitation konnte auch vom Generalvikar oder einem Delegierten durchgeführt werden. 1578 gab Karl Borromäus genaue Anweisungen für die Arbeit der von ihm für die Dauer von zwei Jahren ernannten Präfekten und Visitatoren. Die Vor-Ort-Besuche führten dazu, daß der Bischof im Laufe der Zeit eine genaue Kenntnis vom religiösen Leben und den kirchlichen Einrichtungen bekam und wesentlich effektiver als in der Vergangenheit Reformmaßnahmen durchführen konnte.

Die Visitationsreisen Karls erstreckten sich bis hin zu nur mühselig erreichbaren Bergorten der Schweiz. Der katholische Glaube war in diesem Land besonders bedroht und überall existierten bereits breite lutherische und calvinistische Bewegungen. Auf das Wirken Karls in der Schweiz soll an dieser Stelle bereits kurz eingegangen werden. Das folgende Kapitel wird die reformerischen Bemühungen Karls in der Schweiz noch ausführlicher würdigen.

Karl Borromäus hat drei kirchliche Ämter innegehabt, die ihm die Vollmacht gaben, seine Tätigkeit auch auf die Schweiz auszudehnen. Er war Protektor für die Gebiete der Eidgenossen; als Erzbischof von Mailand war Karl für die italienisch sprechenden Gebiete der Schweiz zuständig, die zu seiner Kirchenprovinz gehörten. Außerdem war er Päpstlicher Legat für die Schweiz und erhielt noch 1582 von Gregor XIII. besondere Aufträge und Vollmachten für die Schweiz. Seine Visitationen in den Pfarreien dort verliefen so gründlich und systematisch wie in seiner Mailänder Kirche. Die Biographen erwähnen die Gottesdienste, die Predigten, die Sakramentenspendung und die Weihe von Altären und Kirchen. Aufschlußreich ist der Briefwechsel, den einzelne Schweizer im Anschluß an die Reisen des Kardinals mit ihm führten: Ein Priester bittet um Küchengeschirr, ein Rektor klagt über das Verhalten der Kinder, Studenten möchten längere Ferienzeiten, Ordensfrauen erbitten geistlichen Rat ... Bemerkenswert ist dabei der Umstand, daß sich viele der Briefschreiber auf persönliche Gespräche mit Karl Borromäus berufen, die sie während seines Schweiz-Aufenthaltes mit ihm geführt haben.

Während die erste Reise (1567) rein kirchlichen Visitationen diente, kamen für den zweiten Aufenthalt (1570) mehrere Gründe zusammen: U. a. wollte Karl seine Schwester Hortensia in Hohenems besuchen – vier Tage blieb er darum in Vorarlberg. Vor allem aber war es sein Anliegen, mit den offiziellen Vertretern der Schweiz Kontakt aufzunehmen, um mit ihnen die Lage der Schweizer Kirche auch in juristischer Hinsicht zu erörtern. Dazu diente etwa die Begegnung mit Regierungsabgeordneten in Altdorf; ferner traf er mit dem Bischof von Chur, dem Abt von Disentis und dem Landrichter in Urseren zusammen.

Von Bedeutung für die katholische Kirche der Schweiz waren die Berichte, die Karl Borromäus an den Papst sandte. Sie enthielten konkrete Reformvorschläge wie die Berufung eines Nuntius für die Schweiz und eines Päpstlichen Legaten für die spirituellen Belange der Kirchen und Klöster. 1579 ging G. F. Bonhomini als Apostolischer Legat in die Schweiz, eine Nuntiatur wurde eingerichtet.

Weitgreifend war das Nachwirken der borromäischen Bemühungen in diesem Land. Man spricht in der schweizerischen Kirchengeschichte von einem ›borromäischen Zeitalter‹ und wählte Karl Borromäus zum Patron sowohl des Goldenen Bundes als auch später des ›Schweizerischen Katholikenvereins Pius IX.‹. Damit wurde er Patron der katholischen Schweiz. Für die Priester sorgte der Erzbischof von Mailand durch die Gründung des Helvetischen Kollegs in Mailand (1579) und dadurch, daß er die Jesuiten und Kapuziner in die Schweiz einführte. Karl Borromäus kam nicht umhin, in manchen Gegenden den dortigen Pfarrern ihre Pfarrei zu entziehen und sie spanischen Priestern zu übertragen, die für mehr Glaubenstreue bürgten. Große Schwierigkeiten bereiteten ihm Aberglaube und Unwissenheit im Misoxtal und das Predigtverbot für ihn in Chur. Aber Karl blieb auch bei seinen letzten Aufenthalten in der Schweiz 1582 und 1583 zielstrebig in seinen Reformanstrengungen. Durch seine Bemühungen für die katholische Schweiz, vor allem durch seine Visitationen ist es ihm gelungen, einen Teil der deutschsprachigen Schweiz vor der Aufweichung des katholischen Glaubens zu bewahren.

Karl Borromäus hat für die Schweiz und in der Schweiz an Wallfahrtsorten gebetet und sein dortiges Wirken der Mutter Gottes empfohlen. Er betete in Einsiedeln, Flüeli und bei der Madonna del Sasso oberhalb Locarno am Lago Maggiore. Den Mailändern hatte er im Hirtenbrief zum Heiligen Jahr 1575 geschrieben: »Wenn ihr auf einer Fahrt in die Nähe eines bedeutenden Gnadenortes kommt, wie jenes der Mutter Gottes von Loreto und anderen, sollt ihr euch die Gelegenheit des Besuches nicht entgehen lassen...«[24] So lebte es Karl selbst auf allen Reisen vor. Seinen Eindruck von Einsiedeln faßt er wie folgt zusammen: »Das Heiligtum von Einsiedeln hat mich mit Freude erfüllt. Ich versichere Euch, daß ich, mit Ausnahme von Loreto, nirgendwo anders einen mächtigeren religiösen Eindruck erhalten habe.«[25] Auf seiner Visitationsreise 1580 überquerte Karl die Grenze der Diözese Como bis zum Heiligtum der Madonna von Tirano. »Gegen Abend langte er an und verbrachte... die ganze Nacht betend in der Gnadenkapelle. In der Frühe zelebrierte er die heilige Messe und hatte die Freude, an eine ungemein große Menge die heilige Kommunion austeilen zu dürfen.«[26] Von dieser Pilgerfahrt wird außerdem berichtet, daß am Fest des heiligen Augustinus der reformierte Podestà von Tirano nach einem Gespräch mit Karl die Predigt des Erzbischofs besuchte und zur katholischen Kirche zurückkehrte. Seine Gottverbundenheit verlieh Karl eine Ausstrahlungskraft, die die Menschen für Gott aufschloß. Seine Persönlichkeit beeindruckte die Gläubigen, und die Verehrung für diesen heiligmäßigen Priester begann schon zu seinen Lebzeiten.

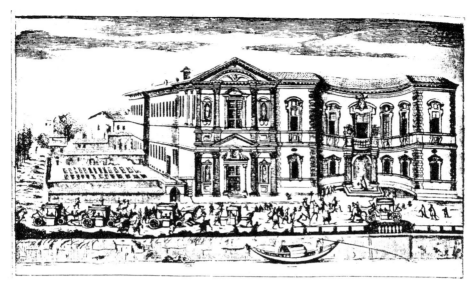

Das Helvetische Kolleg in Mailand
(Älteste überlieferte Ansicht aus dem Jahre 1674)

Die zum Teil energischen Reformbemühungen Karls stießen jedoch nicht auf unumschränkte Zustimmung. Widerstand entstand bei einigen Welt- und Ordensgeistlichen, die sich zum Teil sehr massiv ihrem Erzbischof entgegenstellten. So wurde Karl von den Kanonikern der Mailänder Kollegiatskirche della Scala mit Gewalt am Betreten der Kirche gehindert. In einem Fall ist es sogar zu einem Attentat gekommen, als Karl die Pröpste des stark verweltlichten Ordens der Humiliaten absetzte und strenge Reformen einleitete. Die verbitterten Pröpste stifteten daraufhin einen außerhalb des Klosters lebenden Priester des Ordens zu einem Mordanschlag an. Am 26. Oktober 1569 feuerte der Humiliate Farina während der Abendandacht auf den Erzbischof in dessen Hauskapelle. Die aus nächster Nähe abgeschossene Musketenkugel streifte den Kardinal, ohne ihn zu verletzen, so daß man in Mailand sagte: »Das Rochett ist undurchdringlicher gewesen als ein Panzer.« Karl Borromäus war nicht zu bewegen, an der strafrechtlichen Verfolgung des Täters mitzuwirken. Dennoch wurde dieser mit seinen Hintermännern zum Tode verurteilt. Der Papst hob später den Orden auf.

Wegen Fragen der Gerichtsbarkeit kam es auch zum Konflikt mit dem spanischen Statthalter Ayamonte und dem Senat in Mailand. Eine Zeitlang war es sogar fraglich, ob der Erzbischof seinen Bischofsstuhl würde weiter behalten können: Der spanische Hof hatte sich gegen ihn ausgesprochen, und auch die Kurie schien den reformeifrigen Erzbischof zunächst nicht um jeden Preis stützen zu wollen. Erst nach persönlichen Interventionen Karls in Mailand, Madrid und Rom konnte das Einvernehmen wieder hergestellt werden.

Besondere Reformanstrengungen unternahm Karl bei den Ordenseinrichtungen. Er wußte um den besonderen Schatz, den die Orden für die Kirche immerzu darstellen. Unverzichtbar für die Lebendigkeit der ganzen Kirche galt ihm das Gebet der Ordensleute. Ihr zölibatäres Leben ›um des Himmelreiches willen‹ schien ihm eine weithin sichtbare Manifestation der übernatürlichen Tugend der Hoffnung zu sein, durch die die Gläubigen ermuntert werden, über ihr irdisches Leben hinauszuschauen, es nicht als endgültig zu betrachten, wohl aber als Vorbereitungs- und Bewährungszeit für das ewige Leben, in dem erst die Fülle der Güter zu erwarten ist. Karl ging es daher um die Wiederbelebung der zum Teil recht verweltlichten Klostergemeinschaften. Er hat auch Ordensgemeinschaften eingeführt wie die Jesuiten in Mailand und in der Schweiz, die Ursulinen in Mailand, die Kapuziner in der Schweiz. Karl wird auch als Ordensgründer verehrt. Die Barnabiten nennen ihn ihren zweiten Ordensgründer, ihre römische Kirche haben sie nach Karl Borromäus benannt. 1578 fand unter dem Vorsitz Karls das Generalkapitel statt, das die neuen Konstitutionen festlegte. In diesem Vorgang wurde seine Zusammenarbeit mit den Barnabiten gewissermaßen gekrönt. Der Barnabit Carlo Bascapé wurde einer seiner Biographen. In seiner Diözese führte Karl auch eine Frauengemeinschaft ein, die sich den Werken der Caritas widmete. Karl wurde der ›Gründer‹ der Ursulinen, indem er ihnen die Regel für das gemeinschaftliche Leben und ihre Gelübde gab. Er bemühte sich darum, daß diese Kongregation auch in benachbarten Diözesen Fuß fassen konnte. Der Erzbischof muß auch als Gründer der zahlreichen zu seiner Zeit entstandenen Bruderschaften genannt werden. Durch gemeinsame Gebetszeiten und Werke der Nächstenliebe vertieften sie die Frömmigkeit der Gläubigen.

Die bedeutendste Gründung Karls – und sicher seine ureigenste Initiative – sind die Oblaten des heiligen Ambrosius. Karl Borromäus ging hier behutsam vor. Zunächst forderte er bei einer Diözesansynode die Priester auf, sich unter dem Schutz des heiligen Ambrosius zu einem gemeinsamen Leben und zum apostolischen Einsatz nach den Weisungen des jeweiligen Bischofs von Mailand zu vereinigen. Zahlreiche Priester trugen sich daraufhin in Mitgliedslisten ein, und am 16. August 1579 konnte Karl in der Kirche beim Heiligen Grab die neue Einrichtung begründen. Beraten von seinem Freund Philipp Neri, verfaßte er die Regel für das gemeinsame Leben und die pastorale Tätigkeit und setzte die Ambrosius-Oblaten, die bald 200 Mitglieder in ihrer Kongregation zählten, in den Gemeinden ein: für die Predigt und Katechese, als Vertreter der Pfarrer, bei Visitationen, in der Leitung von Schulen und Seminaren, für die spirituelle Betreuung der Frauenklöster. In Karls Begleitung waren vielfach Oblaten des heiligen Ambrosius. Später begründete man parallel zur Priesterkongregation eine Laien-

Das Attentat des Humiliaten Fra Gerolamo Donata, genannt Farina,
auf Karl Borromäus am 26. Oktober 1569.

kongregation der Ambrosius-Oblaten, deren Mitglieder spontan in den
Dienst des Apostolats gerufen werden konnten. So wurde die Kirche zum
Heiligen Grab ein Mittelpunkt des spirituellen und apostolischen Lebens in
Mailand. Nach der Heiligsprechung Karls (1610) stellte sich diese Priester-
kongregation auch unter das Patronat des heiligen Karl: Sant'Ambrogio e
San Carlo.

Über die Gründung der Kapuzinerprovinz in der Schweiz gibt reichhalti-
ges Quellenmaterial in Luzern Auskunft. Eine bildliche Darstellung zeigt,
wie Karl Borromäus beim Papst vorspricht und die Einführung der Kapuziner in der Schweiz bewirkt. Einige Kupferstiche weisen aus, daß die Kapu-
zinerklöster sich rasch vermehrten und das zentrale Gebiet der Schweiz
zwischen Bodensee und Vierwaldstättersee in einem großen Radius erfaß-
ten: Luzern, Altdorf, Zug, Stans, Hagenau, Chur, Appenzell, Solothurn,
Rapperswil, um nur einige bekannte Orte zu nennen. Die Kapuziner waren
gute Mitarbeiter Karls; er vertraute ihnen oft schwierige Aufgaben an und
lobte ihren Einsatz gegenüber den Bischöfen anderer Diözesen.

Karte der Schweizer Kapuzinerprovinz.

Karl als Visitator und Reformer in der Schweiz

Das Wirken Karls in der Schweiz ist im vorigen Kapitel bereits kurz behandelt worden. Im folgenden geben wir einen gekürzten Bericht von Professor Dr. Franz Xaver Dieringer aus dem Jahre 1846 wieder, der Karls reformerische Bemühungen in der Schweiz anschaulich zu würdigen vermag.

»Bei guten Wegen machte er seine Reisen zu Pferd, bei schlechten zu Fuß, einen Pilgerstab in der Hand; in den unwirthsamsten Gegenden trug er selbst sein Gepäck, den Begleitern nur das ihrige überlassend. Wo es am schauerlichsten und unwirthsamsten war – denn sein Sprengel reichte in die Schweiz hinein bis in die Nähe vom St. Gotthard –, sah er sich genöthiget Schuhe anzuziehen, in welche spitze Eisen eingefügt waren, damit er nicht ausgleiten und in Abgründe stürzen möchte; an manchen Stellen reichten die Füße allein nicht aus, er mußte auch noch die Hände zum Gehen bedienen, um mit größerer Sicherheit durchzukommen. Gerade bei solchen Gelegenheiten, die wahrhaftig keine Lustpartien zu nennen waren, bewahrte er die unverwüstlichste Heiterkeit und war häufig genöthiget, sein Gefolge gegen Mißstimmung zu bewahren.

Es ist unglaublich, welcher Zerrüttung, Verkommenheit und Sittenlosigkeit er in den Kantonen Schwyz, Uri und Unterwalden begegnete und mit welchen Schwierigkeiten er zu kämpfen hatte, um dem glaubenstreuen Volke die alte kirchliche Ordnung wiederzugeben. Dafür verbreitete sich aber sein Ruf in der ganzen Schweiz und dem angrenzenden Deutschland und es war Keiner, weder Freund noch Feind, der nicht dem Erzbischofe von Mailand volle Gerechtigkeit widerfahren lassen.

Als er im Jahre 1570 abermals eine Visitation in diesen Gegenden vollendet hatte, entschloß er sich die Schweiz zu durchreisen, um seiner Schwester, welche mit dem Grafen von Hohenemps verheirathet war, auf dem gleichnamigen Schlosse einen kurzen Besuch abzustatten. In den katholischen Kantonen traf er überall viel Frömmigkeit und große Anhänglichkeit an den alten Glauben; aber das Werk der Kirchenverbesserung lag noch völlig darnieder und die Geistlichkeit hatte noch kaum eine Ahnung von dem Umschwunge, den das kirchliche Leben durch die Einführung der Trienter Beschlüsse erfahren sollte. Hier zeigte sich ein Schauspiel, das vielleicht in der Kirchengeschichte einzig dasteht. Der heilige Karl befand sich als fremder Bischof in einem fremden Lande; seine einzige amtliche Beziehung zu diesem Lande bestand darin, daß er in frühern Zeiten vom Papst zum Protector der katholischen Schweizerkantone ernannt worden war, womit aber bloß die Pflicht übertragen wurde, vorkommenden Falles die Angelegenheiten derselben beim apostolischen Stuhle zu vertreten und Maßregeln in Anregung zu bringen, wodurch die kirchliche Wohlfahrt derselben könnte gefördert werden; eine selbständige Oberherrlichkeit war damit nicht ausgedrückt. Was er aber von Amtwegen nicht unternehmen konnte, wurde ihm möglich gemacht durch das unbedingte Vertrauen, womit Regierung und Volk ihn als einen Boten des Himmels begrüßten und ihn fast dazu nöthigten, nach dem Vorbilde seines eigenen Sprengels auch hier die Kirchenverbesserung einzuführen und selbst die Maßregeln der Strenge nicht zu scheuen, um dieses löbliche Werk zu Stande zu bringen. Die musterhaften Priester waren hiermit ohnehin einverstanden, die verkommenen aber hatten nicht den Muth, der öffentlichen Meinung zu widerstehen. Die bedeutendsten katholischen Städte wurden der Schauplatz seiner Wirksamkeit. Sogar Protestanten strömten schaarenweise aus den entferntesten Gegenden herbei, um den ›heiligen Bischof‹ zu sehen, ihn predigen zu hören und seinen Segen zu empfangen. Ja ganze protestantische Ortschaften, in denen sich kaum ohne Lebensgefahr ein katholischer Priester durfte blicken lassen, beeilten sich den ›heiligen Bischof‹ im Triumphe aufzunehmen und sich den jubelnden Volksscharen anzureihen. Mit Recht wurde geäußert: wären die Prälaten und Priester immer solche gewesen, eine Glaubensspaltung hätte nicht kommen können; aber nicht minder richtig ward entgegen bemerkt: die Wahrheit auch aus unheiligem Munde bleibet doch immerhin Wahrheit, und die Gnade auch aus unreinen Händen ist doch immerhin Gnade; es ist kein großes Verdienst einer Religion treu zu bleiben, deren Diener Heilige sind, wohl aber ist die Beharrlichkeit in den Tagen der Trübsal und des Gräuels im Heiligthum, ein Ruhm vor Gott.

Wir können diese Gelegenheit nicht vorbeigehen lassen, ohne zugleich des späteren heilsamen Einflusses, den Karl auf die Schweiz und dadurch mittelbar auch auf Deutschland ausübte, mit einigen Worten zu gedenken.

Nachdem die Einführung des Protestantismus in den meisten Kantonen eine vollendete Thatsache geworden war, glaubte der Heilige sein hauptsächlichstes Augenmerk darauf richten zu sollen, daß in denjenigen seiner bischöflichen Jurisdiction unterworfenen Landestheilen, in denen die Neuerung keinen festen Fuß gewinnen konnte, auch fortwährend die katholische Religion aufrecht erhalten und gegen etwaige Gefährdungen rechtlich sicher gestellt würde. Da die betreffenden Kantonalregierungen sich außer Stande erklärten, seine Vorschläge mit Gesetzeskraft auszurüsten, so wendete er sich durch einen Abgeordneten an die Tagsatzung, welche auch vollständig auf seine Anträge einging. Die wichtigsten derselben lauteten dahin, daß in katholischen Gemeinden keine Schulmeister angestellt werden sollen, welche entweder offen zur reformierten Religion sich bekennen oder doch kein volles Zutrauen geben, daß ihre amtliche Stellung nicht zur weitern Ausbreitung des Abfalls vom katholischen Glauben verwenden würden; daß die anzustellenden Obervögte und Amtsleute entweder katholisch seyn müssen, oder doch keine richterliche Entscheidung in Sachen, welche sich auf die Religion und den Glauben beziehen, ausüben dürfen.

Wie es in dem schweizerischen Antheil des Mailänder Sprengels mit dem kirchlichen Leben aussah, so war es auch mehr oder weniger in der ganzen Schweiz. Die Beschlüsse der Trienter Kirchenversammlung waren zwar be-

Karls Bauanweisungen (1577, 3. Provinzialkonzil) wirkten auch in der Schweiz nach, besonders in der Kapuzinerarchitektur, aber auch beim Bau der Frauenklöster: Zisterzienserinnen-
Kloster Rathausen bei Luzern. In Rathausen entstand das erste Frauenkloster, das den strengen Vorschriften des Konzils von Trient entsprach.

*kannt gemacht, aber nicht ausgeführt worden. Das Erfreuliche, was bei Ge-
legenheit der Reise des heiligen Karl erzielt worden, war vorübergehender
Art und stand ziemlich vereinzelt da. In dem durch viele kleine Freistaaten
zersplitterten und nun auch noch confessionell aufgeregten und gespaltenen
Lande fehlte es durchaus an einem rechten Mittelpunkt des kirchlichen Lebens, von welchem aus die verschiedenen Sprengel einen kräftigen Anstoß
zur Erneuerung und Wiederbelebung hätten empfangen können. Jeder Bischof stand vereinzelt da und hatte bald in dem Eigenwillen der Kantonalregierungen, bald in der Widerspenstigkeit des Klerus unübersteigliche Hindernisse für die Ausführung jedes die Mittelmäßigkeit übertreffenden Vorha-
bens. Karl war so glücklich, es bei Gregor XIII. dahin zu bringen, daß dieser
den von ihm in Vorschlag gebrachten Bischof von Bercelli, Johann Franz
Bonhomus, zum Nuntius für die gesamte Schweiz ernannte, mit dem Auftrage, die Kirchenverbesserung nach den Vorschriften der Trienter Synode ins
Leben zu rufen. Die Wahl konnte auf keinen tüchtigern Prälaten fallen. Vom*

Erzbischof von Mailand mit genauen Anweisungen ausgerüstet, trat er sein beschwerliches Amt mit Freudigkeit an und brachte es binnen zwei Jahren so weit, daß die Hauptsache als erledigt angesehen werden konnte.

Durch diese Einrichtung war es möglich gemacht, die kirchliche Verwaltung im Schweizerlande wieder in einen geregelten Gang einzuführen und darin zu erhalten. Was aber in der Schweiz mehr als anderwärts trübe Aussichten in die Zukunft eröffnete, war der Umstand, daß die vorhandenen Priester nicht allein guten Theils unwissend und untüchtig waren, sondern daß ihre Reihen mehr und mehr sich lichteten und nur ein äußerst spärlicher Nachwuchs sich erhoffen ließ. In manchen Sprengeln vergingen Jahre, bis sich wieder ein Jüngling für den Eintritt in den Priesterstand meldete. Wie anderwärts, so lag auch in der Schweiz der Katholicismus vor dem Ausbruch der Kirchenspaltung darnieder; diese entfaltete noch weit heftigere Angriffe auf die alte Kirche, als dies in Deutschland üblich war; die vielen kleinen Regierungen erklärten sich entweder geradezu für die Umwälzung, oder lernten doch von ihren Nachbarn, wie man es angehen solle, die Kirche der Art in Schutz und Bevormundung zu nehmen, daß alles regere Aufstreben von vornherein abgeschnitten war. Die Verachtung, welche auf dem geistlichen Stande ruhte und welche er theilweise selbst verschuldet hatte, konnte für strebsame Jünglinge eben keine großen Reiz darbieten, sich demselben Stande einzugliedern. Wenn aber auch Etwelche vorhanden waren, die trotz dieser ungünstigen Verhältnisse in ihrer Jugend sich für den geistlichen Beruf erklärten, so gebrach es fast durchgängig an allen Bildungsmitteln und sie gaben später ihr Vorhaben entweder völlig wieder auf, oder brachten es doch nicht weit über die Mittelmäßigkeit und man mußte sie nehmen, wie sie eben waren. Um nun diesen traurigen Verhältnissen eine wirksame Abhülfe zu bereiten, faßte der heilige Karl den Entschluß, in seiner Bischof-Stadt ein helvetisches Collegium zu errichten, mit der Bestimmung, hoffnungsvolle junge Schweizer aufzunehmen, dieselben für den Kirchendienst vollkommen auszubilden und sie dann als Priester in ihre Heimath zurückzusenden, aber auch hier noch so lange für ihren Unterhalt zu sorgen, bis sie eine Pfründe erlangt haben würden. Er wendete sich dieserhalb an Papst Gregor XIII., an mehrere reiche Kardinäle, namentlich an den von Hohenemps, und an vermögende, gutherzige Laien. Seine Bemühungen gelangen ihm so vortrefflich, daß er in wenigen Jahren schon an die Ausführung denken konnte und eine sehr bedeutende jährliche Einnahme für diese Anstalt zu seiner Verfügung hatte. Die innere Leitung des Hauses übernahm die Congregation der Oblaten; den Unterricht der Zöglinge besorgten die Jesuiten; die weltlichen Angelegenheiten ruhten in den Händen eines Verwaltungsrathes von sechs erprobten Geistlichen, welche dem Erzbischof Rechnung stellten. Um den Letztern in seinem guten Werke noch mehr zu fördern, ertheilte ihm der Papst die Vollmacht, Alle, welche drei Jahre in dieser Anstalt zugebracht hätten, wie seine eigenen Diöcesanen zu behandeln und ihnen nach Gutbefin-

den die heiligen Weihen zu ertheilen; die Anstalt selbst aber wurde mit der Befugniß ausgestattet, den würdigen Zöglingen den Doctorgrad in der Theologie zu verleihen. Aus dieser Pflanzschule sind in der nächsten Zeit die meisten Seelsorger der Schweiz hervorgegangen. Die Fortschritte der Reformation nahmen ein Ende; manche Gegenden wurden wieder vollständig für den Glauben der Väter gewonnen; im Inlande selbst konnte das Schulwesen wieder erneuert und die einflußreichsten Aemter mit wohlunterrichteten, musterhaften Priestern besetzt werden. Was Wunder, daß in der katholischen Schweiz der Name des heiligen Karl Borromäus neben jenem des seligen Nikolaus von der Flüe und des heiligen Franz von Sales bis auf diese Stunde mit Verehrung genannt wird!

Zur Unterstützung dieser unter seinem Einfluß gebildeten Weltgeistlichen sollten nun noch einige geistliche Orden in der Schweiz eingeführt werden. Seine Wahl fiel auf die Kapuziner und die Jesuiten. Die Erstern, die volksthümlichsten unter allen Bettelmönchen, waren ganz vortrefflich dazu geeignet, durch Predigt, Religionsunterricht und Beichtstuhl den religiösen Bedürfnissen der niedern Stände beizuspringen, die Letztern dagegen, sich des höhern Unterrichtswesens anzunehmen und durch die gebildeten Stände einen vortheilhaften Einfluß auf die Gesamtbevölkerung auszuüben. Die ersten von den Jesuiten gegründeten Niederlassungen waren in Freiburg und Luzern, welche beide Städte noch heute diesen Schulen den Vorzug vor jenen von Aargau und Baselland einräumen.

Diese Verdienste unseres Heiligen um die Wiederbelebung der katholischen Religion in der Schweiz konnten nicht verfehlen, ihm die höchste Zufriedenheit des apostolischen Stuhles zu erwerben. Um sein Ansehen in dieser Sache noch mehr zu bekräftigen, ernannte ihn Gregor XIII. gegen das Jahr 1583 zum apostolischen Visitator von Graubünden und der Schweiz und zum apostolischen Bevollmächtigten für die bischöflichen Sprengel von Come, Chur und Konstanz (zum Bistum Konstanz gehörten große Teile der Schweiz. 1567 führte Karl Borromäus die Tridentinische Reform durch). Berühmt ist die Visitation, welche er in dieser Eigenschaft in dem zur Comer und Churer Diöcese gehörigen Antheil von Graubünden gehalten hat. In den dortigen Thälern hatte sich Alles zusammengefunden, was in politischer und religiöser Hinsicht anrüchig geworden war, um einen Musterstaat auf den Fundamenten von Neuerungssucht, Aberglauben und Sittenlosigkeit aufzurichten. Sofort unternahm Karl selbst im November des Jahres 1583 eine Visitation in diesen Gegenden. Die Wirklichkeit übertraf noch die Vorstellung, welche er sich von diesen Verhältnissen gebildet hatte. Er fand kaum einen Priester, den er mit gutem Gewissen in Amt und Stelle belassen konnte. Was immer der Aberglaube und die Leichtfertigkeit damaliger Zeit in Bücher und Schriften niedergelegt hatte, fand er massenhaft in den Händen des Volkes. Seine Predigten, besonders aber die unglaubliche Strenge, die er durch Fasten, Entbehrungen und Arbeit gegen sich selbst ausübte, und seine reichlichen Allmosen gewannen ihm allmählig die Herzen der Verwahrlosten und *Irregeführten, und er brachte es endlich dahin, daß die gotteslästerlichen, verderblichen Schriften auf einen Haufen zusammentrugen und verbrannten, und an ihrer Statt diejenigen zur Hand nahmen, welche er ihnen von Mailand hatte kommen lassen, und daß sie die von ihm als ihre Seelsorger aufgestellten Priester und Ordensmänner mit Freundlichkeit aufnahmen.«*

(In: Dieringer, Franz Xaver, Der heilige Karl Borromäus und die Kirchenverbesserung seiner Zeit, Köln 1846, S. 287–302)

Predigt und Sakramentenspendung

Karl Borromäus steht in einer Reihe mit den großen Predigern des 16. Jahrhunderts: Mit Johann Eck, Petrus Canisius, Franz Xaver, Johannes von Avila, Ludwig von Granada und Peter Skarga, um nur einige zu nennen. Obwohl Karl wegen seiner Sprechschwierigkeit zumal in jungen Jahren eher schweigsam war, wurde er nach seinen Sprech- und Rhetorikübungen zu einem Prediger, den die Zeitgenossen als einen mitreißenden Kanzelredner bezeichnen. Carlo Bascapé berichtet, wie er von Karls Predigten so beeindruckt und angesprochen war, daß er des Predigers Bitte vergaß, ihn kritisch zu beurteilen. »Es lag eine geheime Kraft in seinen Worten, die meinem Geist ganz plötzlich die Fähigkeit nahm, ihn zu beobachten.«[27] Der heilige Karl verstand es, die Gläubigen mit seinen Predigten wirklich zu ›erbauen‹, d. h. ihre Glaubenskenntnis zu erweitern und ihr Frömmigkeitsleben zu vertiefen. So sparen die Biographen nicht mit anerkennenden, lobenden Worten für den Prediger: »Wenn den Heiligen nicht Krankheit hinderte, trug er an Sonn- und Festtagen das Wort Gottes in seiner Domkirche selbst vor, und auf seinen Wanderungen in dem Erzbistum predigte er oft täglich dreimal«,[28] schreibt Kroeffges über die Mailänder Zeit des Kardinals.

Werfer schreibt: „Alle seine Predigten waren trefflich auf den Zustand der Gemeinden berechnet, zu denen der Erzbischof kam, und in seinen Worten lag eine ganz eigentümliche, übernatürliche Kraft... Karl schilderte den Zuhörern mit den eindringlichsten Worten den Zustand ihrer Seele und die Größe der Sünde, welche im Abfall vom Glauben liegt.«[29] Giussano weiß als Augenzeuge über die Predigt des Erzbischofs zu berichten: »...nachdem er die Vesper beendigt hatte, bestieg er die Kanzel, um der zahllosen Volksmenge, welche den Dom dicht angefüllt hatte, zu predigen. Ich habe sehr viele Predigten von ihm gehört, und nie habe ich eine ohne wahre Rührung anhören können.«[30]

Von dem Hauptort seiner Predigttätigkeit, der Kanzel des Mailänder Doms, heißt es: »An den letzten beiden Säulen des Chores ließ er auf jeder Seite eine prächtige Kanzel anbringen, von denen jene zur rechten Hand von den Sinnbildern der vier Evangelisten und jene zur linken von den vier Kirchenlehrern aus Bronze unterstützt ist. Die eine dieser Kanzeln war für einen jeden Priester bestimmt, während die andere nur ausschließlich dem Erzbischof zustand, zu dessen vorzüglichsten Obliegenheiten es gehört, dem Volk das Evangelium zu predigen und es in den christlichen Wahrheiten zu unterrichten.«[31] Gemeint ist seine Seelsorge im Mailänder Dom. Die uns erhaltenen Predigten des hl. Karl sind nur in wenigen Fällen von seiner Hand geschrieben. Die meisten sind Nachschriften seiner Hörer, die aber dennoch einen gewissen Eindruck von seiner Predigttätigkeit vermitteln.

Karl Borromäus unterschied vor allem drei Arten von Predigten: die biblische, die katechetische und die moralische Predigt. Daneben nennt er Predigten zu besonderen Anlässen: Taufe, Profeß, Begräbnis. Seine biblischen Predigten sind ganz und gar aus dem Wort der Heiligen Schrift gespeist. Mols hat festgestellt, daß in jeder Predigt des hl. Karl etwa 25 Zitate vorkommen, die meisten aus den vier Evangelien und dem Buch der Psalmen. Als Grundlage für die katechetische Predigt schlägt Karl Borromäus Teile aus dem Römischen Katechismus vor oder auch aus den Kirchenlehrern, die sich über den Glauben, die sieben Sakramente, die zehn Gebote geäußert haben. Er nennt Gregor den Großen, Cyprian, Augustinus, Chrysostomus und Bernhard von Clairvaux. Der Erzbischof hat auch Verständnis dafür, daß der eine oder andere Priester nicht predigen kann. Er sieht daher vor, daß im begründeten Fall auch eine Lesung von zwanzig Minuten die Predigt ersetzen kann.

In seinen Moralpredigten geht der Bischof von Mailand mit den Christen seiner Zeit hart ins Gericht und nimmt kein Blatt vor den Mund, ging es doch darum, einer verweltlichten Zeit und Gesellschaft die Folgen der Sünden klarzumachen und sie für die positiven Werte des Glaubens und der Sittlichkeit zu gewinnen. Karl Borromäus erwartete von seinen Priestern, daß sie an allen Sonn- und Feiertagen bei der Feier der heiligen Messe predigten, und zwar bezogen auf das jeweilige Evangelium. An Werktagen sollte vor allem in der Advents- und Fastenzeit gepredigt werden. Für die Fastenzeit konnte auch einmal ein auswärtiger Prediger eingeladen werden. Karl selbst hatte die Gewohnheit, Bischöfe und Kardinäle, die durch Mailand kamen, zu einer Predigt einzuladen. Für die Bischöfe trat die Predigt seit dem Trienter Konzil stärker ins Bewußtsein. So hatte Karl noch am Ende des Konzils Aufsehen in Rom erregt, als er in seiner Titularkirche S. Prassede predigte oder auch in Santa Maria Maggiore, jener Marienkirche, deren Erzpriester er war. Übrigens predigte er selbst zunächst sitzend, vom erhöhten Sitz des Altarraums aus. Erst später empfahl er den Priestern, von der Kanzel aus zu predigen; ob sie dort stehend oder sitzend predigten, ließ er offen. Neue, ungewohnte Wege beschritt der Erzbischof, als er in seinem Erzbischöflichen Sekretariat eine Liste von Predigern aufstellen ließ, die nicht in den Dienst einer Pfarrei eingebunden, sondern für den Predigtdienst frei verfügbar waren. Sie wurden zu besonderen Anlässen, etwa für die Fastenzeit oder für Hochfeste, ausgewählt. Für das Predigtamt erließ Karl Borromäus eigene Instruktionen. Sie bilden den ersten Teil der Priesteranweisungen (Instructiones pastorum) unter dem Titel: ›Praedicationis Verbi Dei Instructiones‹ (1576). In ihnen zeichnet der Erzbischof das Bild des idealen Predigers. Eine besondere Hilfestellung gab Karl seinen Priestern durch die Drucklegung einer Predigtsammlung, in der für jede Messe kommentierende Texte des heiligen Ambrosius beigefügt waren.

Die Kanzel im Mailänder Dom, von der aus Karl predigte

Pietro Galesini hat die Vorrede geschrieben, der hl. Karl hat den Band durchgesehen.

Der Erzbischof hat mehrfach Gelehrte und Bischöfe dazu angeregt, Bücher zu veröffentlichen. Er gab auch die Anregung, eine Anleitung zum Predigen zu schreiben. Kardinal Valier verfaßte die ›Rhetorica sacra‹, beteuerte aber, daß der wirkliche Verfasser Karl Borromäus heiße. Als Valier das erste Exemplar dem Erzbischof von Mailand zuschickte, schrieb er als Widmung hinein: »Eure Rhetorik kehrt zu Euch zurück wie die Tochter zum Vater.«

Die Eigeninitiative seiner Priester hat Karl Borromäus beispielsweise dadurch angeregt, daß er sie zum eigenständigen Studium ermutigte. Sie sollen bei der Lektüre den Stoff und die Themen für ihre Predigten festhalten, so wie er es in seiner Schrift ›Sylvia pastoralis‹ getan hat. Darunter muß man sich eine Sammlung von Predigtskizzen vorstellen, die, systematisch geordnet, dem Prediger jeweils zur Verfügung stehen. Carlo Marcora hat aus den Handschriften der Ambrosiana eine solche sehr umfangreiche Sammlung von Exzerpten publiziert und kommentiert. Karl Borromäus selbst hat sich auch die Predigtanweisung des Ludwig von Granada zu eigen gemacht: die ›Rhetorica ecclesiastica‹; wir erinnern uns, daß auch Karls erste theologische Studien und Predigten unter der Anleitung eines spanischen Dominikaners gestanden hatten.

Es fällt auf, daß Karl Borromäus im Laufe der Jahre immer stärker liturgisch orientiert predigte. Nicht die Dogmatik, auch nicht die Hagiographie, vielmehr das Kirchenjahr, die Hochfeste der Erlösung werden zu den zentralen Aussagen seiner Predigten. Ein starkes ›Sentire cum ecclesia‹ wird dabei spürbar, eine bewußte Feier und Mitfeier in der Kirche Jesu Christi, zu der der Gute Hirt Karl Borromäus alle Gläubigen führen möchte. Die uns erhaltenen Predigten zeigen, daß Karl gegen Ende seines Lebens immer häufiger gepredigt hat. Man kann das letzte Jahr seines Lebens 1583/84 mit Fug und Recht als ›Jahr der Predigten‹ bezeichnen: Es verging kaum ein Tag ohne Ansprache oder Predigt.

Als Priester sah Karl seine Hauptaufgabe neben der Verkündigung in der Spendung der Sakramente.

Auch für ihn persönlich waren die Sakramente die Kraftquelle seines Lebens. So begegnete er Jesus Christus nicht als der unnahbaren Gottheit, sondern als dem konkreten ›Du‹, das sich ansprechen und lieben läßt. Besonders Eucharistie und Bußsakrament sind immer wieder Themen seiner Verkündigung gewesen. Sind es doch jene Sakramente, die die Gläubigen im Unterschied zu den übrigen fünf (Taufe, Firmung, Priesterweihe, Ehe, Krankensalbung) häufig und immer wieder empfangen können und sollen. Karl verstand es dabei, die enge Beziehung beider Sakramente zueinander deutlich zu machen: Verliert der Mensch das in der Taufe empfangene Gnadenleben durch eine schwere Sünde, kann er es durch die Vergebung der Sünden in der Beichte wiedererlangen. Die Beichte ist dann aber auch Voraussetzung, um Jesus Christus in der Eucharistie empfangen zu können; im Stand einer schweren Sünde zu kommunizieren, würde eine Entehrung des Sakraments bedeuten. Den Gläubigen waren diese Zusammenhänge häufig genug völlig unbekannt und Karl setzte alles daran, die weitausgreifende religiöse Unwissenheit zu überwinden. Mit Sprachengabe suchte er die Lehre über die Eucharistie in Kopf und Herz der Gläubigen einzuprägen. Über die Einsetzung und den Opfercharakter dieses Sakraments hatten die Konzilsväter in Trient verlautbaren lassen:

Karl führt in Mailand die Jesuiten und die Theatiner ein und gibt den Barnabiten ihre Regel.
Das Bild von Giovan Battista Crespi, genannt Cerano, zeigt Repräsentanten aller drei Orden:
rechts die Barnabiten, links die Theatiner und die Jesuiten in der Mitte

»Jesus brachte Gott dem Vater seinen Leib und sein Blut unter den Gestal-
ten von Brot und Wein dar, reichte ihn den Aposteln, die er damals zu Prie-
stern des Neuen Bundes bestellte, unter denselben Zeichen zum Genuß und
befahl ihnen und ihren Nachfolgern im Priestertum dieses Opfer darzubrin-
gen mit den Worten: Tut dies zu meinem Andenken usw. (Lk 22, 19; 1 Kor 11,
24). So hat es die katholische Kirche stets verstanden und gelehrt.«[32]

Karl wurde nicht müde zu betonen, daß unter jeder Gestalt (Brot und
Wein) jeweils der ›ganze‹ Christus unversehrt empfangen wird, der mit seiner Gottheit und Menschheit auf sakramentale Weise wirklich zugegen ist.
Infolgedessen lebte und verkündigte er die Formen eucharistischer Frömmigkeit, die Johannes Paulus II. auch für unsere Zeit ins Gedächtnis ruft:

»Die Anbetung Christi im Sakrament der Liebe muß auch ihren Ausdruck finden in vielfältigen Formen eucharistischer Frömmigkeit: persönli-
ches Gebet vor dem Allerheiligsten, Anbetungsstunden, kürzere und längere Zeiten der Aussetzung, das jährliche Vierzigstündige Gebet, der Sakramentale Segen, eucharistische Prozessionen...«[33]

In den Statuten der Bruderschaft vom heiligsten Altarsakrament schrieb
Karl Borromäus: »Je größer die Gnade ist, die uns der Herr Jesus Christus
erweist, indem Er in der heiligen Eucharistie beständig bei uns bleiben
wollte, desto größer ist auch unsere Pflicht, immer und durch alle möglichen Mittel dieses erhabene Sakrament zu ehren und zu verherrlichen.«[34]
Die Freude des hl. Karl erreichte den Höhepunkt, wenn er sah, daß die
Gläubigen sich nicht nur um seine Kanzel drängten, sondern auch die
Beichtstühle umlagerten und zur Kommunionbank strömten. Immer wieder wird die große Andacht erwähnt, mit der Karl die heilige Messe feierte.
Seine Frömmigkeit beeindruckte die anwesenden Gläubigen, die sich unvermittelt zu einer andächtigen Mitfeier bewegt sahen.

»Eine lange Vorbereitung und gewöhnlich auch die Beichte gingen der
Meßfeier voraus. Während der Meßfeier wandte er seine Blicke nicht von
dem Altar ab; ganz gesammelt vollzog er die Zeremonie.«[35] Das Vorbild
Karls vermittelte vielen die Überzeugung, daß der Besuch der heiligen
Messe oder gar der Empfang der heiligen Kommunion großartige Geschenke Gottes und nicht etwa ›lästige Pflichten‹ sind. Die Gläubigen fühl-
ten sich auch angespornt, das Bußsakrament zu empfangen. Vielen wurde
durch sein Wort und Beispiel das große Glück bewußt, immer wieder als der
verlorene Sohn zum Vater zurückkehren zu können. Sie mochten daher
auch gerne auf die Verpflichtung eingehen, nach einer schweren Sünde,
mindestens aber einmal jährlich in der vorösterlichen Zeit die Beichte zu
besuchen. Wenn Karl seinen Gläubigen zu jeder Zeit für die Spendung des
Bußsakramentes zur Verfügung stand, so sah er darin auch ein Stück Kon-
zilsverwirklichung. In Trient hatte man zwölf Jahre vor seiner Priesterweihe die Lehre über das Bußsakrament noch einmal klar dargelegt. So
hieß es zur Einsetzung dieses Sakraments:

»*Der Herr aber setzte das Sakrament der Buße damals vor allem ein, als er nach seiner Auferstehung seine Apostel anhauchte mit den Worten: ›Empfangt den Heiligen Geist. Denen ihr die Sünden nachlaßt, denen sind sie nachgelassen, und denen ihr sie behaltet, denen sind sie behalten‹ (Joh. 20,22f.). Daß durch diese hervorstechende Handlung und durch diese klaren Worte den Aposteln und ihren rechtmäßigen Nachfolgern zur Wiederversöhnung der nach der Taufe gefallenen Gläubigen die Vollmacht mitgeteilt wurde, Sünden nachzulassen und zu behalten, das ist die übereinstimmende Ansicht aller Väter.*«[36]*

Die Sakramentenspendung Karls ist als Motiv auch immer wieder in die Kunst eingegangen. In der Salzburger Universitätskirche, auch in der Karlskapelle des Salzburger Domes, wurde Karl beim Austeilen der heiligen Kommunion an die Pestkranken dargestellt. Ein Gemälde des Mailänder Doms zeigt ihn bei der Spendung der letzten Ölung an die Pestkranken im Lazarett. Schließlich sei noch bemerkt, daß der Erzbischof von Mailand in jeder seiner siebzehn Synoden die Sakramente in irgendeiner Weise behandelt, sie in kaum einer Predigt als Quellen der Gnade unerwähnt läßt und daß auch seine Hirtenbriefe immer wieder darauf abzielen, das sakramentale Leben der Gläubigen zu vertiefen.

Gedanken aus den Predigten über unser Christsein

Nichts ist leichter als christlich zu leben.

Wasser ist von Natur aus kalt, erwärmt sich aber durch das Feuer. Es erkaltet wieder, wenn das Feuer erlischt. Ebenso, meine Brüder, sind wir kalt durch die angeborene Sünde und werden durch das Feuer der Liebe irgendwann warm. Wenn wir nicht die angemessenen Mittel anwenden, keine Reiser ins Feuer legen, so erkaltet unsere Liebe, und die Bosheit nimmt überhand.

Liebe und Haß machen den menschlichen Geist blind. Sie bewirken, daß gesehen wird, was gar nicht wirklich ist. Aber das, was wirklich ist, wird weder gesehen, noch geglaubt.

Mit dem Wachsen der geistigen Kräfte muß die Stärke des triebhaften Fleisches ermatten.

Die fünf Feinde unserer Seele sind Sünde, Tod, Hölle, Satan und Fleisch. Diese Mächtigen wurden durch unseren himmlischen David besiegt, durch Christus, den Gesalbten. Durch sein Sterben hat er sie besiegt.

»Sie sind jung, man müsse sie Zügel und Zaum zerreißen lassen, ihre Jugend austoben lassen«, sagen sie. O verderblicher Grundsatz! Sie müssen sich zuerst verwunden, damit sie danach geheilt werden; sie müssen zuerst Gift trinken, damit sie dann wieder gesund gemacht werden. Die Blüte ihres Alters sollen sie dem Teufel geben, um das, was übrig bleibt, Gott zu überlassen? O teuflische Erfindung!

Die Liebe zu einem irdischen, veränderlichen Gut beeinträchtigt immer irgendwie die Liebe zum veränderlichen Gut.

Maria ist durch die Menschwerdung des ewigen Wortes gleichsam eine Himmelsleiter geworden. Auf dieser Leiter stieg Gott zur Erde herab, auf daß der Mensch stark und würdig werde, in den Himmel aufzusteigen.

Ihr seid das Ebenbild Gottes, mit einer unsterblichen Seele begabt. Wessen ist dies Bild? Ist es nicht von Gott? Darum gebt dem Kaiser die Steuer, aber Gott, was ihm gebührt.

Predigtanweisungen des hl. Karl

»Mit einem kurzen Gebet zu Gott beginnt der Prediger seine Vorbereitung. Er macht sich klar, was er sagen will und betrachtet die einzelnen Teile seiner Predigt gründlich und fromm. Diese Betrachtung gelangt bis zu einer innerlichen Ergriffenheit, die der Prediger auch im Herzen der Zuhörer wecken möchte.«

»In seinem Inneren soll er empfangen und gebären, was zuerst ihn und dann die anderen erschüttern soll.«

»Ehe der Prediger die Kanzel besteigt, soll er sich seine Hörer vorstellen. . . , damit er in allen Teilen seiner Predigt der Situation der Zuhörer gerecht wird und ihrer Gesundheit dient mit Rat und Tat und jeglicher Hilfe und ausgezeichneter Medizin.«

»Der Prediger wird häufig den Gläubigen darlegen, was die Kirche Gottes gerade an dem betreffenden Tag betet. . . Auch wird er die Mysterien des Meßopfers und der göttlichen Offizien sowie der jährlich wiederkehrenden Feiern und Zeiten seinen Hörern sorgfältig ausdeuten, damit die Kinder der Kirche bei der hohen Feier der Geheimnisse nicht nur im äußeren Tun. . . , sondern in ihren Herzen sich immer brennender zu diesen heiligen Diensten hingezogen fühlen und so immer reichere geistliche Frucht aus den göttlichen Dingen ziehen.«

»Der Prediger wird nicht versäumen, die Lebensbeschreibung des Tagesheiligen heranzuziehen.«

»Der Prediger soll eine Fülle wirksamer Gleichnisse zur Hand haben, die vom Ackerbau, vom Weinberg, vom Sämann, von der Sonne und vom Mond und von anderen sinnenfälligen Dingen genommen und dadurch für die Hörer faßlich sind.«

»Während der Predigt soll das Bild Christi des Herrn vor dem Auge des Predigers stehen, als ob es an der gegenüberliegenden Wand gemalt wäre.«

»Wenn der Prediger die Laster geißeln muß oder überhaupt Anweisungen und Ermahnungen erteilt, soll er seinen Hörern gegenüber jenes liebevolle Wohlwollen an den Tag legen und beweisen, mit dem eine Mutter ihre Kinder umarmt.«

»Aus der Seele, wirklich aus dem Herzen kann der Prediger nur reden, wenn er selbst ein wirklich geistlicher Mensch ist.«

In: Fischer, Balthasar, Predigtgrundsätze des heiligen Karl Borromäus, Trierer theologische Zeitschrift Jg. 61 (1952), S. 218–221.

Predigt des Karl Borromäus

Zum Herrenmahl bei der Fußwaschung

Über das 13. Kapitel bei Johannes: ›Es war vor dem Osterfest‹

1567. 27. März

Gar sehr müssen wir jetzt die Denkart der Christen beklagen, weil die christliche Religion in einem so erbarmenswerten Zustand zurückgegangen ist, daß die Menschen sich oft mehr darüber wundern, wenn einer sein Amt ausübt, als wenn er es vernachlässigt. Viele (welch ein Kummer) kann man finden, die es als Heuchelei ansehen, wenn der Mensch ein heiliges Leben führt, sich an die Spuren der Heiligen hält, und wenn ein Christ dem Beispiel Christi folgt. Das sehen wir in Vielem, aber besonders bei der Fußwaschung, wie sowohl die Heiligen als auch der Herr der Heiligen das erhabene Geheimnis vollzogen haben mit einzigartiger Demut uns zum bewundernswerten Beispiel.

Denn um mit jenen alten Tagen anzufangen, konnte schon der große Patriarch Abraham, als er die Engel Gottes in Menschengestalt gastfreundlich aufnehmen wollte, seiner Absicht und seiner Liebe zu ihnen keinen besseren Ausdruck verleihen, als durch die Fußwaschung (Gen 18,4). Ebenso tat auch Lot, der Sohn seines Bruders den gleichen Engeln (Gen 19,2). Auch hat der Herr im Evangelium es dem Simon gleichsam zum Vorwurf gemacht, daß er ihm, als er in sein Haus kam, kein Wasser für die Füße reichte (Lk 7,44). Auch der Apostel Paulus wollte nicht, daß eine in die Zahl der Witwen aufgenommen würde, die nicht die Füße der Heiligen zu waschen pflegte (1 Tim 5,10). Die Fußwaschung ist nicht bloß ein Beweis von Demut, sondern darüber hinaus ein großes Zeichen von Güte. Sie besitzt eine bewundernswerte Kraft die Herzen in Liebe zu einen. Darum wollte unser Erlöser, als er unmittelbar vor seinem Leiden und dem Abschied von seinen Jüngern stand, ihnen eine erhabene Lehre und ein zur Nachahmung würdiges Beispiel hinterlassen und wusch ihnen allen die Füße. Dann hat er ihnen aufgetragen, daß auch sie anderen ebenso tun sollten mit den Worten: »Ich habe euch ein Beispiel gegeben, damit, wie ich euch getan habe, auch ihr tut« (Jo 13,15).

Hier nun, geliebte Brüder, müssen wir – um alles andere zu übergehen – die bewundernswerte Demut unseres Erlösers nicht nur aufmerksam betrachten, sondern auch mit größtem Eifer nachahmen. Es gibt drei Stufen von Demut, von denen die erste Stufe ausreichend ist, die zweite überströmend, auf der dritten Stufe aber alle Gerechtigkeit erfüllt wird. Auf der ersten Stufe befinden sich die, die ihren Oberen gern gehorchen, auf der zweiten die, die sich auch den Gleichgestellten gerne unterwerfen. Zur dritten Stufe

SANCTI
CAROLI BORROMEI

S. R. E. CARDINALIS

ARCHIEPISCOPI MEDIOLANI

HOMILIÆ CXXVI.

Ex MSS. Codicibus

BIBLIOTHECÆ AMBROSIANÆ

ORDINE CHRONOLOGICO

IN LUCEM PRODUCTÆ

ET

JOSEPHI ANTONII SAXII

SS. Ambrosii & Caroli Oblati

COLLEGIO AC BIBLIOTHECÆ AMBROSIANÆ

PRÆFECTI

PRÆFATIONIBUS ET ANNOTATIONIBUS

ILLUSTRATÆ.

EDITIO NOVISSIMA

Cui accessit eorum, quæ Italico tantùm Idiomate MEDIOLANI typis
excusa fuerunt, Versio Latina.

AUGUSTÆ VINDELICORUM

Sumptibus IGNATII ADAMI & FRANCISCI ANTONII VEITH Bibliopolarum,

ANNO MDCCLVIII.

sind die zu zählen, die es nicht für unter ihrer Würde halten, auch ihren Unter-
stellten zu dienen. In all diesen drei Stufen hat sich Christus unser Herr ein-
deutig als der Demütigste und Gehorsamste erwiesen. Er war dem über ihm
stehenden Vater, wenn du seine Menschheit ins Auge faßt, unterworfen; in sei-
ner Gottheit war er ihm gleich. Er gehorchte so sehr und unterwarf sich ihm
so, daß er, wie er bezeugte, nichts anderes tat, als den Willen seines Vaters.
Wie sehr er sich aber durch Demut und Gehorsam gegenüber den weit unter
ihm stehenden Menschen auszeichnete, steht fest, sowohl durch sein eigenes
Zeugnis als auch durch die Beschreibung der Evangelien: »Denn«, so sagt er,
»ich bin nicht gekommen, um mich bedienen zu lassen, sondern um zu die-
nen« (Mt 20,28). Wenn ihr aber mit mir jene Stelle des Evangeliums betrach-
ten wollt, die erzählt, was er bei der Fußwaschung tat und sprach – all das,
was ich jetzt zusammenfaßte – werdet ihr klar erkennen: »Es war vor dem
Osterfest.«

Alles im Geheimnis der Menschwerdung Christi lehrt die äußerste Demut
und offenbart unendliche Liebe. Aus Liebe stieg er vom Himmel. Aus Liebe
zu uns wurde er getauft; aus Liebe zu uns fastete er, erlitt er die Versuchung,
Trübsale und Beschimpfungen und zuletzt hat er den Tod erlitten. Diese seine
bewundernswerte Liebe bewies er auch beim letzten Abendmahl, als er das
allerheiligste Sakrament seines Leibes und die übrigen heiligen Geheimnisse
und Dienste der Gottesverehrung einsetzte. Darüber hinaus auch die Fuß-
waschung, über die wir jetzt kurz sprechen wollen. Durch sie hat er seine
Liebe den Seinen anvertraut und seinen Dienern Bescheidenheit des Herzens
gelehrt. Darum sagt der heilige Evangelist: »Jesus wußte, daß seine Stunde
gekommen war, aus dieser Welt zum Vater zu gehen. Er liebte die Seinen, die
in der Welt waren, und er liebte sie bis ans Ende« (Jo 13,1). Das will heißen:
nachdem er den Seinen seine einmalige Liebe immer durch Zeichen und
Werke bewiesen hatte, hörte er nicht auf bis ans Ende, d. h. beharrlich in
höchster und vollkommener Liebe, bis in den Tod dieselben Werke zu tun.
Schon hatte der Teufel dem Judas ins Herz gegeben, ihn zu verraten. Unser
Herr aber wußte, daß der Vater ihm alles übergeben hatte, daß er vom Vater
gekommen war und zu Gott in Herrlichkeit zurückkehren werde. Aber den-
noch verschmähte er nicht wie ein niedriger Knecht, den armen Fischern die
Füße zu waschen als letzten Liebesdienst in einer Weise, die seine ganze Sorg-
falt, seine Bescheidenheit und Unterwürfigkeit kund tun sollte. Er stand also
vom Mahle auf, während die Jünger zu Tische lagen: Er legte seine Kleider
ab, um alles unbehindert ausführen zu können. Er umgürtete sich mit einem
Leinentuch, um zu zeigen, daß er zum Dienen bereit war, zum Helfen und
Gutes tun. Darum gießt er selber das Wasser in die Schüssel. Er selbst dient
unauffällig, kniet sich zu Füßen der Diener und wäscht ihre Füße, was man
gewöhnlich den Sklaven aufzutragen pflegt. All das tut er allein, allein gießt
er das Wasser in die Schüssel, allein wäscht er, allein trocknet er ab, allen gibt
er den Beweis der gleichen Güte, allen wäscht er demütig die Füße, alle nährt

er mit dem Sakrament seines Leibes. Aber nicht alle erhielten daraus die gleiche Frucht. Denn Judas, der ihn verraten sollte, der leichtfertig des Herrn Beutel trug, aß dieselbe Speise mit den übrigen Aposteln, reichte ebenso die Füße zum Waschen dar und wollte wie die anderen Jünger alle Wohltaten genießen. Im übrigen aber konnte er durch keine Menschlichkeit, durch kein Wohlwollen von der Auslieferung des unschuldigen Blutes zurückgehalten werden. Wahrlich die verabscheuungswürdige Verkehrtheit des Verräters ist verwunderlich. Sie konnte nicht aus Furcht vor dem Herrn, nicht aus Ehrerbietung vor seiner Hoheit, vor der Unschuld seines Lebens, noch der Größe der empfangenen Wohltaten zurückgehalten werden. Aber wunderbar ist die Güte des Herrn zu beurteilen, der die Verstocktheit des Verräters sieht und kennt. Sie läßt dennoch nicht nach, ihn gütig zu behandeln, sondern versucht sein verhärtetes Herz zu erweichen mit allen Mitteln seiner Güte. So hinterläßt er uns das Beispiel, lieber die Bekehrung unserer Feinde anzustreben als ihren Untergang, suchen, sie zu gewinnen und nicht zu verlieren.

Bei Petrus jedoch und bei den anderen brachte all das, was Judas zur strengen Verurteilung wurde, überreiche Frucht. »Er kam zu Simon Petrus« (Jo 13,6). Dreimal hat Petrus gesprochen, aber verschieden. Dreimal hat der Herr auch geantwortet und hat die einzelnen Antworten den Worten des Petrus angepaßt. Zuerst fragte Petrus aus Unkenntnis: »Du willst mir die Füße waschen?« (ebenda) als hielte er es für sinnwidrig, daß sich der Sohn Gottes vor den ganz verachteten Menschen niederknie, um ihm die Füße zu waschen. Als zweites sprach er hartnäckig: »Du wirst mir niemals die Füße waschen« (ebenda), und drittens als er sah, der Herr wollte trotzdem, daß er gehorcht, bot er ihm noch mehr an, als der Erlöser zuvor erbeten hatte und sprach: »Nicht nur meine Füße, auch meine Hände und das Haupt« (Jo 13,8). Also belehrte der Erlöser seine Unkenntnis mit den Worten: »Was ich tue, verstehst du jetzt nicht, du wirst es aber später erkennen« (Jo 13,9), mit anderen Worten: Du kennst das Geheimnis dieser Waschung noch nicht, wenn du es kennen würdest, hättest du niemals diese Frage gestellt. Seinen Widerstand aber brach er mit der Drohung: »Wenn ich dich nicht wasche, hast du keinen Teil an mir« (Jo 13,8). Zuletzt vertraut er seinem Glauben und seinem Gehorsam, durch die er sich ganz dem Willen Gottes unterwirft und sagt: »Wer gewaschen ist, braucht nur noch die Füße zu waschen und er ist ganz rein. Auch ihr seid rein« (Jo 13,10). Dieser Stelle können wir entnehmen, daß die Untergebenen die Vorschriften der Obern nicht mit allzu großem Starrsinn unbeachtet lassen sollen; auch sollen sie nicht aus Bescheidenheit zurückweisen, was diese uns anbieten wollen, auch wenn wir uns dessen unwürdig halten, was uns angeboten wird. Aber auch die Obern werden belehrt, die Untergebenen, die anfangs widerstehen zu überreden und mit Drohungen zu nötigen, daß sie die gesunde Lehre annehmen. Petrus war ja reichlich hartnäckig in seiner Ablehnung. Als er aber sah, der Entschluß des Herrn war bestimmt und endgültig, ließ er sich leicht dazu bewegen, wenn auch nur aus Liebe und Ehrfurcht. Denn seinerseits bittet Petrus ob seiner Unwürdigkeit und der Erhabenheit des Erlösers, er möge doch einen so verächtlichen Dienst nicht an ihm vollziehen. So hatte er an anderer Stelle gesagt: »Gehe fort von mir, denn ich bin ein sündiger Mensch« (Lk 5,8). Wir lesen, daß auch der Vorläufer des Herrn ebenso getan hat. Er sagte: »Ich sollte von dir getauft werden, und du kommst zu mir?« (Mt 3,14) Wahrlich der Weise ändert lieber seinen Entschluß aus einem berechtigten Grund, als hartnäckig dabei zu verharren. Darum wird der Gehorsam des Petrus gelobt, der seinen Willen aufgab, nachdem er den Willen des Herrn erkannt hatte, und sich und all das Seine dem Herrn unterwarf. Hier sehen wir, daß der Herr zwei verschiedene Waschungen andeutet: die eine, durch die der ganze Leib, die andere, bei der die Füße gewaschen werden; diese wird häufig wiederholt, die andere wird nur eimal angewandt. Die Füße können nicht genug gebadet werden, sofort beschmutzen sie sich wieder und wieder, und weil sie durch den täglichen Staub und Schmutz verunreinigt werden, muß man sie täglich waschen. Durch diese zweifache Abwaschung des Leibes und seiner Glieder werden wir belehrt, daß es auch eine doppelte für die Seele und ihre Leidenschaften gibt. Jene Reinigung, die die ganze Seele wäscht, geschieht in der Taufe; durch sie wird der Mensch von der ihm eingeborenen Schuld, d. h. von der Erbschuld gereinigt. Diese Waschung ist niemals zu wiederholen. Aber die Füße, das sind die Regungen der Seele, soll man häufig baden, denn wir sündigen täglich: »Wenn wir nämlich sagen würden, wir hätten keine Sünde, würden wir uns selbst betrügen, und die Wahrheit ist nicht in uns« (1 Jo 1,8). Diese Füße unserer Seele sollen wir Christus dem Erlöser zum Waschen darreichen. Er wäscht sie, indem er ohne Unterlaß im Himmel für uns eintritt und uns durch das Sakrament der Buße die Gnade der Sündenvergebung einflößt.

Auch das entbehrt des Geheimnisses nicht, daß er, nachdem das Mahl der Juden beendet war, bei dem das Osterlamm gegessen wurde, zuerst die Füße der Jünger wusch, bevor er das heilige Sakrament der Eucharistie einsetzte. Er zeigt uns dadurch, daß wir eine sorgfältigere Vorbereitung treffen müssen, wenn wir zur heiligen Kommunion hinzutreten, als sie die Juden hatten, bevor sie das Osterlamm aßen. Sie aßen ja das Lamm mit ungewaschenen Füßen, es war ja nur Bild und Gleichnis. Doch zu dem schauererregenden Geheimnis der Eucharistie schickt es sich nur mit reinen Füßen, d. h. mit gereinigten Affekten der Seele hinzuzutreten. Es genügt auch nicht, vor der Welt äußere Ehrerbietung zu zeigen, wenn die Seele nicht von innen her aufrichtig durch Reue gereinigt wird und nicht nur scheinbar nach außen. Darum hat unser Erlöser nicht nur den Judas, den Verräter getroffen, da er sagt: »Ihr seid nicht alle rein«, sondern auch alle andern, die als Christen schlecht leben, die sich mit der Zunge als Jünger Christi bekennen, ihn aber durch ihren Wandel kreuzigen. Nicht alles, was wie Gold glänzt, ist auch wirklich Gold; denn auch Judas hatte äußerlich saubere Füße und weilte unter den Jüngern

Christi. Innerlich aber trug er ein boshaftes Herz und diente denen, die den Sohn Gottes ergreifen wollten, als Führer.

›Nachdem er nun die Füße gewaschen hatte‹ usf. Unser Heiland pflegt zuerst zu handeln und dann zu belehren, um gleichzeitig durch das Beispiel zu zeigen und durch das Wort zu unterrichten. So auch hier. Sobald er das Beispiel von Demut und Liebe durch die Fußwaschung der Jünger gegeben hatte, belehrte er sie, daß er das nicht ohne Grund getan habe, sondern um sie zu seiner Nachahmung zu gewinnen: »Wenn nun ich, Meister und Herr, euch die Füße gewaschen habe, müßt auch ihr einander die Füße waschen. Ein Beispiel habe ich euch gegeben, damit auch ihr tut, wie ich an euch getan habe« (Jo 13,14–15). In dieser Tat hat uns unser Erlöser ein Dreifaches vor Augen gestellt. Durch ihn, den Erlöser selbst, werden wir belehrt, was die Prälaten und Diener Christi tun sollen. Durch den Verräter Judas lernen wir, daß es solche gibt, die mit Christus die angenehmen Speisen genießen und sein Brot essen, die sich öffentlich als Jünger Christi bekennen, aber im Herzen sich gegen Christus verschwören. Das sind die, die als Christen gelten wollen und um der Benefizien und kirchlichen Würden Willen den Dienst Christi antreten, nicht aus Liebe und Verehrung, sondern aus Verlangen nach Gewinn und Ansehen. In den übrigen Aposteln sind jene gekennzeichnet, die im Herzen all ihre Regungen Christus zur Reinigung darbieten, um so Anteil an ihm im Himmel zu gewinnen.

Wir aber, liebe Brüder, wollen die Heuchelei und Hartnäckigkeit des Judas fliehen. Mit Petrus wollen wir das Haupt, die Hände und die Füße – das sind unsere Absichten, unsere Werke und unsere Gemütsverfassung – Christus zum Waschen darbieten, damit sie durch seine Gnade gereinigt und gewaschen, von ihm im Himmel gekrönt werden. Wenn wir darüber hinaus ganz bedenken wollen, was im Beispiel Christi noch geheimnisvoll enthalten ist, werden wir finden, daß darin das vollendete Amt des Apostels angedeutet liegt. Er stand nämlich vom Mahl der Juden auf: so müssen seine Diener den Wandel des alten Menschen verlassen, sie müssen den neuen anziehen, sie müssen vom Wissen zum Tun übergehen, von der Speise zur Arbeit, vom Buchstaben zum Geiste. Dann müssen sie ihre Kleider ablegen, d. h. alles der Tugend Hinderliche aufgeben, damit sie tatkräftig arbeiten können. Sie müssen sich mit dem weißen Linnentuch, das ist die Unbescholtenheit ihres Lebens, umgürten. Dann müssen sie das Wasser der heilsamen Lehre schöpfen und die Sitten ihrer Untergebenen mit der Lehre, den Sakramenten und dem Beispiel waschen. So tat unser Führer und Vorkämpfer Christus, damit auch wir so tun sollen. »Denn der Schüler steht nicht über dem Meister« (Mt 10,24), und es geziemt sich nicht, hochmütige Diener eines demütigen Herrn zu sein. Oftmals, liebe Brüder, werde ich erschüttert, so oft ich unseren Hochmut, die wir doch Staub und Asche sind, mit der Demut des Herrn vergleiche. Er, der Gott ist und der Herr der Engel, hielt es nicht unter seiner Würde, die Armen zu bedienen, wir aber weigern uns, unseren Mitknechten zu dienen. *Der Sohn Gottes stand vom Tisch auf, um den sitzenden Knechten zu dienen. Wir aber halten es unter unserer Würde, wenn ein armer Mitknecht, ich will noch nicht einmal sagen mit uns zu Tische sitzt, sondern schon, wenn er uns beim Essen nur nahe herankommt. Der Schöpfer des Himmels und der Erde wäscht den armen Jüngern die Füße. Und wie viele kann man unter uns finden, die schneller ihre Füße in Wein baden würden, als daß sie einem Armen einen Becher kalten Wassers reichten? Christus hat seinem Verräter den Dienst der Menschlichkeit erwiesen, und wir verweigern den Freunden die gebührenden Dienste. Was könnte man Unwürdigeres sagen oder denken? Die Jünger weigern sich dem Meister, die Knechte dem Herrn, die Geschöpfe dem Schöpfer, Staub und Asche dem himmlischen Menschen ähnlich zu sein. Brüder, erschüttern sollte uns hier eine solche Niederträchtigkeit, erschüttern eine solch demütige Unterwürfigkeit in so hoher Majestät. Wir müssen uns also mit dem Herrn verdemütigen, wenn wir mit ihm verherrlicht werden wollen, dienen wir mit ihm den Armen, wenn wir mit ihm herrschen wollen, waschen wir uns gegenseitig, der eine dem andern die Füße, wenn wir als Jünger Christi gelten wollen. Werden wir unserem Haupte im Leben gleichförmig und dann wird er selbst sich würdigen, uns sich in der Glorie gleich zu gestalten.*

Amen.

Anmerkung:
Es war früher in der Kirche von Mailand Brauch, daß zum Herrenmahl am Gründonnerstag der Erzbischof den Priestern die Füße wusch, der Erzdiakon den Diakonen der Metropole, auch dem Protonotar, dem Chorleiter und anderen mehr.

Übersetzt in der Abtei St. Hildegard, Eibingen

Der hl. Karl Borromäus pflegt die Armen und Kranken

1576: Die Pest in Mailand

In den 70er Jahren des 16. Jahrhunderts mehrten sich in Italien plötzlich die Nachrichten, daß der ›Schwarze Tod‹ im Land sei. Trient, Verona, Mantua und Melegnano waren bereits von Pestepidemien heimgesucht worden, als im Sommer 1576 die Schreckensmeldung vom ersten Pestkranken in Mailand Panik auslöste. Jeder, der konnte, verließ Mailand. Auch Regierungsmitglieder ergriffen die Flucht, was sich besonders nachteilig auf die Versorgung der Bevölkerung auswirkte. Die Adligen flohen auf ihre Landgüter und auch der spanische Statthalter verließ die Stadt. Es ist bemerkenswert, mit welchem großen persönlichen Einsatz sich der Erzbischof für seine Herde in ihren materiellen und geistlichen Belangen einsetzte. Nicht umsonst spricht man von der ›Pest des heiligen Karl‹. Er besuchte die Kranken im öffentlichen Lazarett ›San Gregorio‹ und in den Notspitälern und übernahm persönlich ihre seelsorgliche Betreuung. Zum Schutz gegen die Ansteckungsgefahr hatte er einen mit Essig getränkten Schwamm in Händen und etwas Wohlriechendes im Mund. In medizinischen Büchern unterrichtete er sich über weitere Maßnahmen, um der Ansteckung entgegenwirken zu können.

Es ist nicht ausgeschlossen, daß zu dieser Zeit Hippolit Guarinoni im Hause des Erzbischofs weilte, der spätere Arzt und Seuchenbekämpfer in Tirol. Er publizierte 1612 in Ingolstadt ein Buch mit dem Titel ›Arznei wider die Pest‹, das er Karl Borromäus widmete und auf dessen Titelblatt er das Bild des Mailänder Erzbischofs setzte. Dem jungen Guarinoni hat sich das Verhalten des Erzbischofs gut eingeprägt. Er verehrte ihn zeitlebens als Pestpatron.

In Mailand hat sich die Pest in den Monaten August und September so rasch verbreitet, daß immer neue Hilfsmaßnahmen ergriffen werden mußten. Karl sorgte dafür, daß vor der Stadt Baracken und Zelte aufgebaut wurden, die weitere Kranke aufnehmen konnten. Er forderte die Ordensleute auf, den Dienst bei den Kranken zu übernehmen; dies taten vor allem die Kapuziner. Mit allen zur Verfügung stehenden Mitteln setzte sich der Erzbischof für Unterkunft, Medikamente, Lebensmittel und Bekleidung der Pestkranken ein, doch galt seine Sorge vor allem ihrem Seelenheil. In den Krankenlagern ließ er daher Kreuze anbringen, die sie an das Leiden Christi erinnern und sie ermutigen sollten, ihre Krankheit Jesus aufzuopfern. An weithin sichtbaren Stellen wurden provisorische Altäre aufgebaut, an denen täglich die Heilige Messe gefeiert wurde. Karl verzehrte sich im seelsorglichen Dienst an den Gläubigen: Zusammen mit anderen Priestern hörte er die Beichte, spendete die hl. Kommunion und die Krankensalbung. Angesichts der wachsenden Ansteckungsgefahr machte er am 9. September 1576 sein Testament, in dem er das Große Hospital in Mailand reich bedachte.

Im Oktober mußten sämtliche Häuser Mailands geschlossen bleiben. Die Stadt war ein einziges Quarantänelager. Da erfuhr Karl, daß Papst Gregor d. Gr. in einer ähnlichen Situation Bittprozessionen veranstaltet hatte. Noch im selben Monat ließ der Erzbischof drei Prozessionen durchführen, bei denen die Gläubigen wie zum Aschermittwoch mit Asche gezeichnet wurden. Als eine der Prozessionen bei der Kirche des hl. Ambrosius angelangt war, forderte Karl die Gläubigen auf, sich dem Pestpatron Sebastian anzuempfehlen, dessen Mutter aus Mailand stammte, und dabei ein Gelübde zu machen. Die Mailänder nahmen den Vorschlag auf und versprachen, nach der Pestepidemie die schon stark baufällige Kirche des hl. Sebastian neu aufzubauen und alljährlich in ihr das Fest des Heiligen dankbar zu begehen. In den zehn folgenden Jahren sollte am Tag des Gelübdes, am 10. Oktober, jeweils eine Prozession abgehalten werden.

In den Wintermonaten ging dann die Pest zurück. Über 17000 Opfer hatte sie gefordert.

Im Frühjahr 1577, als die Pest ein letztes Mal aufflammte, rief Karl Borromäus wiederum zum Gebet und zur Gewinnung der Ablässe in der Domkirche auf. Am 3. Mai, am Fest der Kreuzauffindung, hielt er mit seinen Gläubigen eine Prozession, um die Reliquie des hl. Nagels besonders zu verehren. Er selbst trug das Kreuz, an dem die Reliquie befestigt war.

Die Zeit der Pest in Mailand hatte den Erzbischof und seine Gläubigen näher zusammengeführt. Vor allem aber war in einer Situation, in der jeglicher menschliche Halt versagt blieb, das Glaubensleben und Gottvertrauen der Menschen gestärkt worden. Unmittelbar nach dem Ende der Epidemie forderte der Erzbischof seine Gläubigen in einer Schrift auf, die hinter ihnen liegende Zeit nun als Impuls für ein vertieftes christliches Leben zu betrachten.

Am 7. September legte Karl Borromäus den Grundstein für die neue Kirche St. Sebastian, die nach den Plänen Pellegrinis erbaut wurde. Das Gelübde wurde erfüllt.

Die barmherzige Zuwendung Karls zum pestkranken Menschen ist zu einem Markstein auf seinem heiligmäßigen Lebensweg geworden. Die bildlichen Darstellungen seiner Taten in der Pestzeit sind nicht zu zählen. Zahlreiche Hospitale und Kliniken in Mexiko und Korea, in Rom und Jerusalem und an vielen anderen Orten tragen noch heute seinen Namen und verehren ihn als Patron.

Die Frömmigkeit des heiligen Karl
und das Heilige Jahr 1575

Nach siebzehnjähriger Erfahrung in der Seelsorge sagte Karl Borromäus in einer Predigt 1582: »Der Herr Jesus Christus hat uns, die wir Hirten der Seelen sind, die Sorge aufgetragen, daß wir mit Sorgfalt und mit Eifer die uns anvertrauten Seelen aus den Tälern zur Höhe führen, von den irdischen Dingen zu den himmlischen, von den menschlichen zu den göttlichen, von den vergänglichen zu den ewigen.«[37] Damit drückt er sein pastorales Anliegen aus, für das er seine Zeit, seine Kraft, sein Gebet, seine Arbeit, seine Gesundheit und seine Schmerzen aufopferte: für das Heil der Seelen, die ihm anvertraut waren. Gott hatte ihn für diese Aufgabe auch charakterlich vorbereitet: Karl Borromäus war fleißig, einsatzfreudig und trotz physischer Schwächen und mancher Krankheit von unerklärlichen Energien getragen. Darüber hinaus besaß er auch die Fähigkeit, das Wichtige vom weniger Wichtigen rasch zu scheiden, das Notwendige zu erfassen und mit Klugheit die entsprechenden Mittel zur Verwirklichung des Geplanten einzusetzen. Er stellte seine menschlichen Fähigkeiten voll und ganz in den Dienst seiner pastoralen Aufgabe. Gleichwohl stützte er sein apostolisches Bemühen aber nicht auf menschliche Sicherheiten: Er vertraute vielmehr ganz auf Gott. Der hl. Karl war von dem Bewußtsein geprägt, daß nur die Rebe Früchte bringt, die eng mit dem Weinstock verbunden ist. Anders gesagt: Das innerliche Leben war ihm die unverzichtbare Grundlage für sein pastorales Wirken. Trotz seines gewaltigen Arbeitspensums fand er daher täglich die nötige Zeit für die Feier der hl. Messe, das betrachtende Gebet, das Stundengebet, den Rosenkranz und die Gewissenserforschung. In diesen Frömmigkeitsübungen sah er Gelegenheiten, Jesus Christus persönlich zu begegnen.

Gerade auch wegen seiner tiefen Frömmigkeit hat Karl Borromäus seine Aktualität nicht eingebüßt. Darauf wies Papst Paulus VI. in einem Schreiben an den Erzbischof von Mailand, Kardinal Colombo, anläßlich der Neuauflage der Borromäus-Biographie von Carlo Bascapé im Jahre 1965 hin: »Der hl. Karl ist lebendig geblieben. Er spricht heute noch zu uns. Er lehrt heute noch. Er ist nicht weit entfernt von uns. In vieler Hinsicht ist er für uns ein Vorbild der religiösen Lebensweise, der moralischen Haltung, besonders aber der pastoralen Einstellung.«[38] Bereits im November 1963 hatte Papst Paul VI. den Konzilsvätern den Band ›Sancti Caroli Borromaei Orationes XII‹ geschenkt.

Die Liebe zum Kreuz ist ein Wesensmerkmal der Frömmigkeit des heiligen Karl. Christus war das Vorbild seines Lebens. Es war für Karl daher selbstverständlich, das Kreuz zu tragen und Leid zu erfahren – ihm standen die Worte Christi vor Augen: »Wenn jemand mir nachfolgen will, so verleugne er sich selbst und nehme sein Kreuz auf sich und folge mir« (Mt. 16,24).

Die Liebe zu Christus bewegte Karl, auf Seinem Leidensweg mitzugehen und dem Kreuz nicht auszuweichen, wo es unvermittelt auftauchte. Vielmehr nahm er es an, um, wie Christus, für die Sünden der Menschen, seine eigenen und die der anderen, Sühne zu leisten. Der Wunsch nach Wiedergutmachung weckte seine Bußgesinnung, in der Leiden und Schmerz ihren Sinn finden. Die Verehrung für den leidenden Christus drücken nicht zuletzt die Wallfahrten Karls zum Turiner Grabtuch aus.

Viermal war der Erzbischof von Mailand in Turin (1578, 1581, 1582, 1584), um das Grabtuch zu verehren, von dem Papst Johannes Paulus II. bei seinem Besuch in Turin 1980 sagte, es sei eine »außergewöhnliche und geheimnisvolle Reliquie, ein stummer, doch gleichzeitig überraschend beredter Zeuge«[39] des Leidens, des Todes und der Auferstehung Jesu. Karl Borromäus konnte nicht ahnen, daß im 20. Jahrhundert amerikanische Forscher sich dieser Reliquie besonders annehmen und das Grabtuch als eine ›stille Revolution‹ bezeichnen werden. Er ging 1578 die 150 km lange Strecke mit zwölf Begleitern zu Fuß als Pilger nach Turin, um ein Versprechen aus der Pestzeit einzulösen.

Am 9. Oktober kam die Pilgergruppe in Turin an, am 12. Oktober waren die großen liturgischen Feiern anläßlich der Tuchausstellung, am 16. Oktober reiste Karl wieder ab.

In einem Bericht über die feierliche Begrüßung des Kardinals von Mailand durch den Herzog und seinen Sohn heißt es: »Als Borromäus zu dem für ihn reservierten Stuhl geleitet wurde, bat man ihn, ein Gebet für die versammelte Gemeinde zu sprechen. Er fand seinen Mund vor Ergriffenheit verschlossen. Als das Grabtuch herausgebracht wurde..., brach er weinend zusammen. Dreimal hielten Turins Bischöfe das Tuch für die Menge empor. Dann wurde es zur weiteren Verehrung in die Kathedrale gebracht.«[40]

Unausschöpflich sind die Passionsbetrachtungen Karls, die unter dem Titel ›Meditationes de Passione Christi Domini et quoris ex illius mysteriis‹ veröffentlicht wurden. Er scheute sich auch nicht, dem König von Polen ein elfenbeinernes Kreuz mit folgendem Schreiben zu schicken:

»Ich bitte eure Majestät, das Bild des Gekreuzigten aus Elfenbein, welches ich Ihnen übersende, anzunehmen, damit Sie diesen Jesum Christum, dem zu Liebe Sie so große Kämpfe unternehmen und bestehen, jeder Zeit vor Augen haben, und damit er Ihr Führer im Kriege, Ihr Ratgeber im Frieden, Ihr Trost in Widerwärtigkeiten und Ihr Ruhm im Glück sei...«[41]

Karl schaut betend das Geheimnis der hl. Dreifaltigkeit ▷
Gemälde von Orazio Borgianni, 1611/12

Bemerkenswert ist die Verehrung der Reliquie des hl. Kreuznagels, die der Erzbischof nach der Pestzeit besonders pflegte und zum Anlaß nahm, für Mailand am Fest der Auffindung des heiligen Kreuzes (3. Mai) eine jährliche Prozession festzulegen. Seine Äußerungen beim 5. Provinzial-Konzil 1579 enthalten Anweisungen für die Karfreitagsliturgie, für die Verehrung des hl. Kreuzes und für das Gedächtnis der Passion Jesu. Der Erzbischof sieht sich veranlaßt zu betonen, daß an diesem Tag nur über das Leiden Jesu zu predigen sei. Die Bischöfe seien dafür verantwortlich. Dann aber folgt die ergreifende Stelle, wo der hl. Karl den Karfreitag als den Tag charakterisiert, an dem Christus, der Herr, ›humiliatus est pro nobis usque ad mortem, mortem autem crucis‹. Um diese Demut nachzuahmen, fährt der hl. Karl dann fort, genügt es nicht, das Knie vor dem Kreuz zu beugen. Man soll vielmehr die Demut der Seele dadurch zum Ausdruck bringen, daß man den ganzen Körper zu Boden wirft. Der hl. Karl hält die Prostration für die angemessene Verehrung des hl. Kreuzes.

»Karl Borromäus hatte eine besondere Verehrung für die ›Agnus Dei‹, kleine Medaillen aus Wachs, in die Staub von Märtyrergräbern eingemischt ist und die der Papst segnet. Die Verehrung für diese ›Agnus Dei‹ war also auch eine Ehrenbezeigung für den Papst. Der hl. Karl verlangte immer eine große Menge und verteilte sie..., eines trug er in einem Reliquiar am Hals.«[42] Nach einer Reise durch die Schweiz bedankte sich Karl Borromäus bei einer Dame für die Gastfreundschaft, indem er ihr eine Agnus-Dei-Medaille an einer goldenen Kette zuschickte.

Oft suchte Karl Borromäus Klöster auf, um in ihrer Stille zu beten. Er ging nach Camaldoli, nach Varallo und in Mailand nach San Barnaba. Jährlich machte er die Ignatischen Exerzitien; er soll auch das erste Exerzitienhaus eingerichtet haben.

Schließlich darf die marianische Frömmigkeit Karls nicht unerwähnt bleiben. Zeitlebens hat er ein besonders inniges Verhältnis zur Mutter Gottes gehabt, der er sich als Fürsprecherin in seinen großen und kleinen Anliegen anvertraute. Seine Vorliebe galt dem Rosenkranzgebet, bei dem er die verschiedenen Stationen im Leben Jesu und Mariens betrachtete. Seine Rosenkranz-Bruderschaften sind bekannt. Es wurde schon erwähnt, daß Karl anläßlich seiner Visitationsreisen die Stätten besonderer Marienverehrung besuchte, um dort zu beten. Auf seinen Reisen von Mailand nach Rom machte der Kardinal häufig einen Abstecher zu dem Wallfahrtsort Loreto. Hier wird bis heute die ›Santa Casa‹, das Heilige Haus der Heiligen Familie verehrt. Der Legende nach haben Engel es von Nazareth nach Loreto gebracht, wo es 1294 in einem Lorbeerhain (Lauretum) aufgestellt sein soll. Oberhalb der Santa Casa hat man im 15. Jahrhundert mit dem Bau der großen Basilika ›Santuario della Casa‹ begonnen.

Für die Frömmigkeit des Kardinals ist auch die Art und Weise aufschlußreich, wie er die Feier des Heiligen Jahres 1575 beging. Seit 1475 wird alle

25 Jahre in der katholischen Kirche solch ein Jubiläumsjahr gefeiert. Bevor Karl Borromäus auf ausdrücklichen Wunsch des Papstes Gregor XIII. zur Heilig-Jahr-Feier nach Rom reiste, bereitete er die Gläubigen seiner Diözese mit einem Hirtenbrief vom 10. 9. 1574 auf das Jubiläumsjahr vor. So erklärt er z. B. ausführlich den Wert des Jubiläumsablasses, den er selbst wenig später in Rom gewinnen wird. Worum geht es beim Ablaß?

»Der Ablaß ist eine Form der stellvertretenden Wiedergutmachung, bei der die Kirche, d. h. die ganze Gemeinschaft der Heiligen dem Christen in seiner Buße fürbittend zu Hilfe kommt. Um einen Ablaß zu gewinnen, muß man im Stand der Gnade sein und die vorgeschriebenen Gebete oder guten Werke verrichten.«[43] Die Sündenvergebung wird völlig unabhängig vom Ablaß durch die Beichte bewirkt. Doch zieht jede begangene Sünde auch eine zeitliche Strafe nach sich, und diese ist es, die durch den Ablaß in bestimmtem Maße nachgelassen wird. Man unterscheidet heute den Teilablaß und den vollkommenen Ablaß, je nachdem ob er die erforderliche Genugtuung für die Sündenschuld ganz oder nur teilweise bewirkt. Zur Gewinnung eines Ablasses hat der Gläubige die vorgesehenen Gebete oder guten Werke zu verrichten, wobei dem vollkommenen Ablaß auch die sakramentale Beichte, die Kommunion und ein Gebet in der Meinung des Hl. Vaters vorausgehen muß.

Am 8. Dezember 1574 brach Karl nach Rom auf. Ein Kupferstich aus dem Jahr 1575 bezeugt die Stimmung, die die Pilger damals in Rom erwartete: C. B. de Cavallieri nennt seinen Kupferstich ›Roma Sancta‹ und stellt diese Stadt personifiziert mit einem Vers aus Psalm 46 dar: »Des Stromes Arme erfreuen die Gottesstadt, er heiligt die Wohnung des Höchsten.« An den vier Ecken sind die großen Kirchen Roms zu sehen, zwischen denen Pilger betend einhergehen, und am oberen Rand faßt ein Psalmvers die Freude und das erstarkte Selbstbewußtsein dieser geheiligten Stadt zusammen: »Du krönst das Jahr mit dem Kranz deiner Güte« (Ps. 65,12). Das Jubeljahr 1575 soll nach zeitgenössischen Berichten so feierlich und gläubig begangen worden sein, daß man auch darin die Festigung des katholischen Glaubens und die Nachwirkung des Tridentinischen Konzils erblickte. In diese ›Roma sancta‹ pilgerte Karl Borromäus in der Freude und im Jubel des Heiligen Jahres. Auf dem Weg nach Rom besuchte er einige Klöster: Camaldoli, Vallombrosa, Assisi.

In Rom wurde Karl vom Papst äußerst freundschaftlich empfangen. Die Biographen berichten einstimmig, daß das Verhältnis der beiden Kirchenreformer ein sehr freundschaftliches war und diese Freundschaft auf seiten des Papstes sogar zur Verehrung für Karl Borromäus wurde. »Die Beziehungen Boncompagnis (Gregor XIII.) zu Carlo Borromeo trugen von jeher das Gepräge großer Innigkeit; dem Mailänder Erzbischof verdankte er zumeist seine Umwandlung.«[44]

114

Die mystische Leidensbetrachtung des hl. Karl

Kurz nach Karls Heiligsprechung 1610 malte Gaspare Giona in Padua dieses Fresko. Es zeigt Karl zu Füßen der Madonna neben dem hl. Antonius von Padua.

Tod und Heiligsprechung

Zu Beginn des Jahres 1584 hatte Karl Borromäus die ersten Todesahnungen, die er in Predigten den Freunden gegenüber auch aussprach. Sein Arbeitsprogramm reduzierte er aber nicht, im Gegenteil: Er predigte im letzten Jahr seines Lebens besonders häufig. Im Januar berief er eine außerordentliche Versammlung der Visitatoren, Landdekane und Erzpriester ein, die er drei Wochen lang leitete. In dieser Zeit wurde Karl Borromäus krank und mußte zu Bett liegen; der Papst zeigte sich sehr beunruhigt über den Zustand des Erzbischofs. Mols nennt die Krankheit ›un accès d'erysipèle‹ (Rose). Die Versammlung am Anfang des Jahres 1584 wirkte wie ein Schlußstein seiner reformierenden Arbeit für die Pfarreien und Ortskirchen. Auch seine letzte Diözesansynode im April 1584 wurde mit ihren Maßnahmen zu einem Vermächtnis. Giussano berichtet ausführlich über die Synode: »Alle seine Predigten und Reden hatten das Eigentümliche, daß sie mit einer, ich möchte sagen, übernatürlichen Kraft in die Herzen seiner Zuhörer drangen... Je mehr er sich dem Ende seiner irdischen Laufbahn näherte, desto mehr äußerte sich die Fülle der göttlichen Gnade in ihm.«[45]

Immer stärker stellt Karl jetzt das Leiden und Sterben Christi in den Mittelpunkt seiner Betrachtungen. Am Tage der Auffindung des heiligen Kreuzes (3. Mai) fand die Prozession mit der Reliquie des heiligen Nagels statt. Dazu hatte der Erzbischof seinen Freund, Augustin Valieri, Bischof von Verona eingeladen, der bald sein erster Biograph werden sollte. Es war wohl ihre letzte Begegnung.

1584 hat Karl Borromäus noch zwei Bischöfen seiner Diözese, und zwar dem Bischof von Brescia und dem Bischof von Novara, die Sterbesakramente gereicht und die Exequien für sie gehalten. Noch einmal ging er im Sommer 1584 zu Visitationen von Kirche zu Kirche: nach Monza und Umgebung und danach in die Brianza und zum Lago di Lecco.

Seine zunehmende Schwäche wurde schon in dieser Zeit deutlich, als er begann, sich bewußt auf das Ende seines Lebens vorzubereiten. Er hatte ein großes Verlangen, Exerzitien zu machen, und wählte dazu die Stille des Klosters auf dem Monte Varallo. Dorthin ließ er seinen Beichtvater, Pater Adorno S.J. kommen, um in diesen Tagen der Gewissenserforschung, seine letzte Beichte abzulegen.

Der heilige Berg von Varallo ist eine franziskanische Gnadenstätte der Minoriten, die den Kalvarienberg und die Leidensstätten des Herrn vergegenwärtigt. In einer der vierzig Kapellen befindet sich heute noch das Kreuz aus dem Heiligen Land. Eine andere Kapelle stellt das Grab Christi dar, und in der Krypta befindet sich ›das Grab Mariens‹. Das Heilige Grab und die Wandmalereien der Passion Jesu waren vor allem Gegenstand der Exerzitien, die Karl Borromäus in der klösterlichen Stille erlebte. Mit einer dreitägigen Unterbrechung weilte der Erzbischof vom 11. bis 28. Oktober 1584 auf diesem heiligen Berg. Er kam aus Turin, wohin man ihn nochmals gerufen hatte. Dort hatte er den Herzog in mehreren Angelegenheiten beraten und bei dieser Gelegenheit noch ein letztes Mal das Grabtuch verehrt. Auf die Bitte, doch bald wiederzukommen, soll Karl Borromäus geantwortet haben: »Ich glaube kaum, daß wir uns jemals wiedersehen werden.«[46]

Die Exerzitienwochen verbrachte Karl Borromäus in der Stille einer anspruchslosen Mönchszelle. Sein Spiritual Adorno begleitete ihn in diesen letzten Wochen seines Lebens. »Seine Seele fing an, sich allmählich von ihrer irdischen Hülle zu lösen, und ein sicheres Vorgefühl schien es ihr zu verkünden, daß sie sich bald ganz und gar von derselben trennen werde. Der Bischof von Aversa, Bernardin Morra, der auf dem Heiligen Berg zugegen war, berichtete, er habe das Antlitz des heiligen Karl mit einem übernatürlichen Glanz umgeben gesehen, welchen er für den Widerschein des göttlichen Lichtes gehalten habe, das in seiner Seele leuchtete.«[47] Auf dem Berg von Varallo überkam Karl ein Fieber, das sich noch mehrmals wiederholte. Die körperlichen Kräfte nahmen rapide ab. Im Anschluß an die Exerzitien erfüllte er noch einmal seinen bischöflichen Dienst, als am 29. Oktober in Ascona das Kollegium eröffnet werden sollte. Von seinem Geburtsort Arona aus reiste er mit einer Barke über den Lago Maggiore nach Ascona. Aber wie mühsam, vom Tod gezeichnet, erfüllte der Erzbischof diesen seinen letzten irdischen Dienst! Auf dem Schiff betete er die Allerheiligen-Litanei und das Glaubensbekenntnis und hielt eine Ansprache, in der er von der ruhigen Ergebung in den Willen Gottes sprach. Es gelang Karl noch, gewissermaßen als letzte Amtshandlung, den Rektor und die Lehrer ins Kollegium einzuführen, beim Gottesdienst hatte er noch die Kraft zu predigen, dann aber setzte ein jäher Fieberanfall ein. Auf der Rückfahrt betete Karl sehr viel und rührte die Anwesenden mit einer Predigt zum Fest Allerheiligen. In Arona angekommen, verbrachte er die Nacht bei den Jesuiten. Am frühen Morgen zelebrierte er das letzte heilige Meßopfer und teilte den Jesuiten-Novizen die heilige Kommunion aus. Das Fieber verließ ihn nicht mehr. In Begleitung seines Vetters ging die Fahrt per Schiff nach Mailand. In der Sänfte wurde der Erzbischof vom Schiff zum Palazzo getragen. In der Hauskapelle betete er und sprach mit den Ärzten, wobei er wußte, daß an eine Gesundung nicht mehr zu denken war.

Ganz bewußt richtete er sich nun auf sein Sterben ein. Zwei Bilder wurden in sein Sterbezimmer gebracht: Jesus im Garten von Gethsémane und im Grab. Wir schließen an dieser Stelle den Bericht seines Freundes Carlo Bascapé[48] an, der in der Sterbestunde zugegen war:

»Als nun die Ärzte gekommen waren, hatten sie anfangs so ziemlich alle die Ansicht, daß mit einer ernsten und länger dauernden Krankheit zu rechnen sei; bald jedoch erkannten sie, daß Karls Schwäche größer war, als man

Die letzten Exerzitien des hl. Karl auf dem heiligen Berg von Varallo im Oktober 1584,
kurz vor seinem Tode am 3. November.

*zuerst glaubte. Es läßt sich leicht denken, wie es uns zumute war, als die
Ärzte uns dies mitteilten. Sofort ließen wir durch Eilboten in der Stadt verkünden, daß man in den Kirchen vor dem allerheiligsten Sakrament für ihn
beten sollte. Auch sprachen wir davon, daß man ihm die hl. Wegzehrung und
die hl. Ölung erteilen müsse. So teilte ihm denn Pater Franz (Adorno, sein
Beichtvater), der stets zugegen war, mit, daß der Zeitpunkt seines Scheidens
aus dieser Welt bevorstehe und daß er die hl. Wegzehrung zu seiner Stärkung
empfangen möge. Er antwortete sofort, daß dieses sein dringendster Wunsch
sei. Daraufhin wurde zunächst das hllst. Sakrament unter Begleitung des
ganzen Domkapitels in die Bischöfliche Hauskapelle übertragen. Nachdem
dies geschehen, frug man ihn, ob er nun gleich zu kommunizieren wünsche.
Darauf sagte er einfach: ›gleich‹. Obwohl er nur dieses eine Wort sprach, so
war es doch klar, daß er, wenn er gewollt hätte, noch mehr hätte sprechen
können. Daß seine Sinnestätigkeit noch vollkommen unversehrt war, ließ
sich auch aus einer Erwiderung erkennen, die er gab, als man ihm die Frage
vorlegte, ob er lieber aus der Hand des Erzpriesters (des Domes) oder aus
der Hand irgendeines Würdenträgers die hl. Eucharistie empfangen wollte.*

(So war es dem Ambrosianischen Ritus entsprechend.) Ebenso machte er es und gab ein bejahendes Zeichen, als man ihn frug, ob man die Bischöfe der Kirchenprovinz herbeirufen solle, wie er es selbst in einem Provinzial-Konzilsbeschluß bestimmt hatte. Und überhaupt zeigte er in seinem ganzen Verhalten auf dem Todesbette und bei dem Empfang der Sterbesakramente eine solche Geistesklarheit und Ruhe, als ob er irgendeiner wohldurchdachten und zum voraus erwarteten Angelegenheit entgegensehe und gab auch nicht das leiseste Zeichen irgendeiner seelischen Bewegung. Ja, als sein Vetter, der Graf Renatus Borromeo, von natürlicher Liebe bewogen ihm sagte, er möge sich nicht fürchten, mußte der Heilige ob des gutgemeinten Zuspruches lächeln. Ich selbst bat ihn, er möge doch wie der hl. Martinus Gott also bitten: ›Herr, wenn ich Deinem Volke noch nötig bin, so weigere ich mich weiterer Arbeit nicht‹, und dachte dabei, daß, wenn irgendeines Menschen Bitte Verlängerung seines Lebens bei Gott erlangen könne, diese in seinem Munde am passendsten und wirksamsten sein müsse. Aber alles, was ich erreichte, war, daß er mich gütig ansah, ohne jedoch eine Silbe zu sprechen. Und doch hege ich keinen Zweifel darüber, daß er, der so oft für seine Herde alles daran gab, auch jetzt bereit war, noch länger für dieselbe zu leben. Tatsächlich ging aber alles wie beim hl. Martinus. Als man nun das hllst. Sakrament in das Gemach brachte, empfing er dasselbe voller Andacht, nicht ohne vorher zu verstehen zu geben, daß er, wie er es vorhatte, gerne vom Bett aufgestanden wäre, wenn seine Kräfte ausgereicht hätten. Hierauf empfing er die hl. Ölung.

Inzwischen war es dunkel geworden, und eine unübersehbare Menschenmenge wälzte sich an den Palast heran. Wir selbst, die wir um ihn herumstanden, beteten die von der Kirche vorgeschriebenen Gebete und lasen ihm insbesondere die Leidensgeschichte des Herrn vor, wie er dies für die Sterbenden immer ganz besonders empfohlen hatte. Zuletzt baten wir ihn, er möge uns alle noch einmal segnen. Er tat es, seiner Schwäche wegen jedoch nur mit Mühe, während man seine Hände stützte. So machte er das hl. Kreuzzeichen. Dann trat er in den Todeskampf ein, den Todeskampf, den er am Vorbilde des Herrn so gern betrachtet hatte; und dieser Kampf war für ihn so friedlich, daß man auch nicht das leiseste Zucken an den Gliedern seines Körpers bemerken konnte und ohne daß überhaupt irgendwelche innere Bewegung sich nach außen kundgab. Zuletzt legte man ihm auch ein mit geweihter Asche bestreutes Cilicium* um. Er hatte diese Zeremonie stets nicht bloß des schönen alten Gebrauches wegen empfohlen, er hatte vielmehr in seinem heiligen Leben zur Abtötung seines Fleisches gar reichlichen Gebrauch von dem Cilicium gemacht. Und als ungefähr die dritte Stunde der Nacht (das ist 9 Uhr) kam, gab er seine Seele Gott zurück. Weil ich ihm so nahe stand, fiel mir die Aufgabe zu – eine überaus schmerzliche Aufgabe – seinen letzten

---

* Cilicium = Bußgürtel aus Drahtgeflecht; seit Beginn der Neuzeit wird er zur körperlichen Abtötung benutzt.

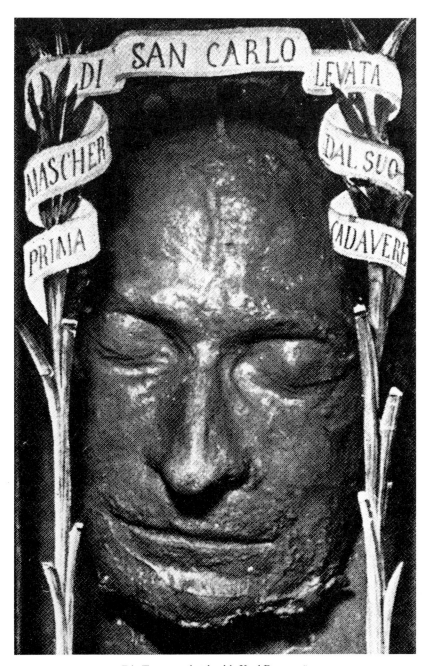

Die Totenmaske des hl. Karl Borromäus

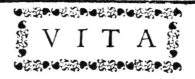

VITA

CAROLI BORROMEI
CARD. S. PRAXEDIS
ARCHIEPISCOPI MEDIOLANI

ITEM OPVSCVLA DVO,
Episcopus , & Cardinalis

AB
AVGVSTINO CARD VERONÆ
CONSCRIPTA.

VERONÆ,

Apud Franciscum à Donnis. **M. D C II.**

Titelblatt der in Verona erschienenen Vita Karls,
verfaßt von seinem langjährigen Freund Agostino Valerio.

Atemzug entgegenzunehmen und ihm die Augen zuzudrücken. Dann wurden alle, die zugegen waren, nicht müde, diesen überaus heiligen Leichnam zu küssen.«

Betroffen von der Todesnachricht rief Papst Gregor XIII. aus: »Ein großes Licht ist in Israel erloschen.«[49]

Für die Menschen in Mailand war der Tod ihres heiligen Bischofs Anlaß zu Trauer und Gebet, aber auch Ansporn zu einem vertieften christlichen Leben. Kaum ein Mensch, der dem Erzbischof nicht zu danken hatte. Als die Glocken aller Kirchen den Tod anzeigten, beteten und weinten die Menschen auf den Straßen und um den Palazzo herum. Hannibal von Hohenems war mit seinen Söhnen zugegen. Der Statthalter ließ einen Teil seiner Leibwache zurück zum Schutz des Palastes. In Pontifikalgewänder gekleidet, wurde der Erzbischof in der Hauskapelle aufgebahrt, wo am Montag – drei Tage nach seinem Tod – auch die Gläubigen Zutritt hatten. Die Geistlichen versammelten sich und beteten in der Hauskapelle das Totenoffizium.

Am 5. Tage nach dem Tod, am Mittwoch, zog ein langer Leichenzug durch Mailand; Bischöfe, Priester, Gläubige waren in großer Zahl in die Bischofsstadt gekommen. Der Kardinal von Cremona zelebrierte das heilige Meßopfer, Pater Franziskus Panigarola hielt die Begräbnisrede, die am darauffolgenden Sonntag noch fortgesetzt wurde. Der Leichnam wurde in die Kapelle des Papstes Pius IV. gebracht, in der sich viele Menschen zum Gebet versammelten. In der Nacht bettete man den Leichnam in einen Bleisarg. Der heilige Karl erhielt sein Grab im Mailänder Dom, wo seine Gebeine in der Krypta verehrt werden. Die von ihm erbetene Inschrift bittet um das Gebet »der Priester, des Volkes und des frommen Frauengeschlechtes«.

Schon zu Lebzeiten Karls hatte seine Verehrung begonnen. Nach seinem Tode wuchs die Zahl derer unaufhörlich, die sich seiner Fürsprache anvertrauten. Die Heiligsprechungsakte von 1610 erwähnt zahlreiche Gebetserhörungen und auch Wunder, die auf seine Fürsprache zurückgeführt werden. Eine Form der Verehrung sind auch die zeitgenössischen Biographien, die schon zwei Jahre nach seinem Tod zu erscheinen beginnen. Sechs Lebensbeschreibungen des heiligen Karl sind vor seiner Heiligsprechung gedruckt und übersetzt worden: in Verona, Mailand, Rom, Köln, Ingolstadt und Antwerpen. Agostino Valerio, der erste Biograph, zählt zu Karls langjährigen und engen Freunden. Seine 1586 in Verona in lateinischer Sprache erschienene Vita des heiligen Karl wurde immer wieder in den Ausgaben der Mailänder Kirchenakten oder der ›Instructiones pastorum‹ abgedruckt. Auch der zweite Biograph war Freund und Hausgenosse Karls: Bonomi, Bischof von Vercelli und später Legat in der Schweiz, in Belgien und Deutschland. Bonomi hat noch im letzten Monat von Karls Leben mit ihm ein Gespräch geführt. Dazu war Karl am 18. Oktober vom Monte Varallo nach Arona gegangen, wo es wichtige Fragen zu klären gab. Laut Testament hat Bonomi Predigten und Handschriften des heiligen Karl erhalten. Im Jahre 1591 erschien die Biographie Possevinos. Possevino war enger Mitarbeiter des heiligen Karl und hat viele seiner Predigtskizzen aufgrund von eigenhändigen Dispositionen oder Nachschriften ausgearbeitet. Seiner Sammlung liegt die Ausgabe der Predigten von Saxius zugrunde. Carlo Bascapé war beim Tod Karls anwesend und hat in dem zitierten Brief vom 8. November 1584 an Ludwig von Granada für seinen Freund Borromäus bereits ein literarisches Denkmal gesetzt. Die Biographie erarbeitete er aus Tausenden von Briefen, vor allem auf Bitten Bonomis. Karl Borromäus hat Bascapé als Gelehrten geschätzt und ihn in Rho und Monza Fragen der Heiligenverehrung klären lassen. 1580 hat er ihn in einer schwierigen Angelegenheit als Gesandten zum spanischen Hof geschickt. Bascapé wurde Bischof von Novara und später Generaloberer der Barnabiten. Von dem Franziskaner Panigarola ist die Begräbnispredigt für Karl Borromäus überliefert und oft abgedruckt worden. Panigarola war Karls Begleiter auf seiner letzten Visitationsreise in die Schweiz. Seine Trauerrede bei der Beisetzung Karls im Dom mußte, wie bereits erwähnt, am folgenden Sonntag fortgesetzt werden. Auch an diesem Tag drängte sich eine große Menschenmenge in den Dom. Eine bemerkenswerte Aussage dieser Abschiedsrede bilden folgende Worte Panigarolas:

»Er war groß, ihr Mailänder, groß, wenn er trotz seiner zahlreichen Beschäftigungen sich unablässig auf das Studium verlegte... Er verstand es, jedes Ding so einzuteilen, daß die Wissenschaft nicht die Frömmigkeit ertötete, und daß die Frömmigkeit der Wissenschaft nicht im geringsten schadete. Weder von der einen noch von der anderen vermochte ihn die Unmenge der Geschäfte abzuhalten.«[50]

G. P. Giussano, der Sekretär und Hausgenosse des hl. Karl, schrieb jene Biographie, die wohl mit Recht als die ›klassische‹ bezeichnet wird. Sie wurde 1751 durch wichtige Einzelheiten bereichert, die B. Oltrocchi in der Mailänder Ambrosiana hinzugefügt hat. In neun Büchern, denen noch die Kanonisationsbulle Papst Pauls V. angefügt wurde, beschrieb der Oblate des heiligen Ambrosius mit aller Ausführlichkeit die Vita des Karl Borromäus, die zur Zeit der Heiligsprechung erschienen ist und durch die Akten der Heiligsprechung noch erweitert wurde. Eine biographische Skizze aus der Zeit der Heiligsprechung darf nicht unerwähnt bleiben, weil sie als eine authentische römische Stimme gelten kann. Sie enthält vor allem Nachrichten aus dem Heiligsprechungsprozeß. Franciscus Penia, Dekan der römischen Rota, verfaßte einen biographischen Exkurs unter dem Titel: »S. Caroli Card. Borromaei, Vita, miracula et nupera eiusdem Canonizatio.« Diese Vita wurde bereits 1611 in Köln gedruckt. Die Aufzeichnungen sind

Der Chor des Mailänder Doms mit dem Eingang zum Grab des hl. Karl

Ein Überblick der vom hl. Karl bewirkten Wunder, die zu seiner Heiligsprechung am 1. November 1610 führte

auch durch Wunderberichte und eine Beschreibung der Heiligsprechungs-zeremonie ergänzt.

Zur Rota in Rom gehörte zu Lebzeiten Karls ein gelehrter Prälat namens Kaspar Visconti. Wenige Tage vor seinem Tod hatte Karl Borromäus eine Anfrage des Papstes erhalten, ob er Kaspar Visconti für fähig halte, die Diö-zese Novara zu leiten, was jener voll und ganz bejahte. Damit hatte er, ohne es zu ahnen, seinen eigenen Nachfolger bestimmt, der am 21. Mai 1585 seinen Einzug in Mailand hielt. In dessen zehnjähriger Regierungszeit häuften sich die Bitten und Anträge für die Heiligsprechung Karls. Die Mailänder Oblaten vom heiligen Ambrosius hatten den ersten Anstoß ge-

126

geben. Man sammelte Zeugnisse über den verehrten Priester und Bischof, bis eine Theologenkommission den Informationsprozeß 1601 in Mailand in Gang setzte. Durch Synodenbeschluß (1602) wurden zwei Bittschriften von Mailand nach Rom gebracht, die eine vom Klerus, die andere vom Rat der Stadt Mailand (1603). Am 4. Februar 1604 hatten die Mailänder Abgesandten ihre Audienz beim Papst. Noch im gleichen Monat wurde der Heiligsprechungsprozeß eröffnet und der Ritenkongregation übergeben. Der Weg bis zur Heiligsprechung war aber noch weit, zumal in Rom 1605 zwei Päpste starben (Clemens VIII. und Leo XI.). Als 1607 die Könige von Spanien und Polen erneut auf die Heiligsprechung drängten, ebenso Parma, Venedig, Savoyen, die Toscana und die Schweizer Eidgenossen, bekam der juristische Prozeß neue Impulse. 1609 schickten die Bischöfe der Lombardei Carlo Bascapé, Bischof von Novara, nach Rom, um dem Heiligsprechungsprozeß Nachdruck zu verleihen. In einer letzten Befragung der Kardinäle vor der Heiligsprechung, die Papst Paul V. vornahm, wurden erstaunliche Anerkennungen ausgesprochen: Karl Borromäus sei der »unzertrennliche Gefährte des leidenden Christus auf Erden« gewesen und sein ganzes Leben ein »beständiges Wunder«. In allen Lagen des Lebens sei er »Bekenner der Lehre Christi« gewesen.

Am Fest Allerheiligen 1610 fand die Heiligsprechung in der Basilika St. Peter in Rom statt; während eines überaus festlichen Gottesdienstes in Anwesenheit von 64 Bischöfen und 36 Kardinälen wurde Karl Borromäus zur Ehre der Altäre erhoben. Das Te Deum erklang, die Glocken der römischen Kirchen läuteten, als der Papst die erste heilige Messe zu Ehren des heiligen Karl Borromäus zelebrierte.

Die Nachricht von der Heiligsprechung in Rom verbreitete sich sehr schnell in ganz Italien und drang bis in die entlegenen Gebiete der Lombardei. In Mailand wurde am 4. November ein feierliches Pontifikalamt gehalten, das der Bischof von Lodi zelebrierte und bei dem ein Theatiner, Paul Arese, die Festpredigt hielt.

Die Stadt war wunderbar geschmückt; im Dom hatte man zwischen den Säulen Kunstwerke ausgestellt, welche insgesamt achtundzwanzig Szenen aus dem Leben des Heiliggesprochenen darstellten.

In seinem Vetter, Kardinal Federico Borromeo, fand Karl Borromäus später einen adäquaten Nachfolger. Er hielt vierzehn Synoden nach dem Beispiel Karls ab und setzte auch die Pastoralvisitationen in den Alpentälern fort. Er förderte gezielt die Bildungseinrichtungen, hinterließ selbst zahlreiche Schriften in lateinischer und italienischer Sprache und erfüllte den Wunsch Karls, eine große Bibliothek zu gründen: Es entstand die Ambrosiana, die bereits zu ihrer Gründungszeit zu einer weltberühmten Bibliothek und Gemäldegalerie wurde.

Zur Heiligsprechung wurden Medaillen mit Karls Bildnis in Millionenauflage hergestellt und verteilt. Bereits 1563 und 1564 gab es die ersten Me-

Die feierliche Heiligsprechung Karls am 1. November 1610 in der Peterskirche in Rom

Die 23,40 m hohe Kolossalstatue des hl. Karl am Sacro Monte. Sie geht auf eine Idee ▷
Federico Borromeos zurück. Als Schöpfer des zeichnerischen Entwurfs für die modifiziert ver-
wirklichte Schmiede- und Gießerausführung wird Cerano (Giovanni Battista Crespi, 1575/76–
1633) genannt. Die endgültige Verwirklichung des Kolosses fällt in die 1690er Jahre.

128

daillen mit der Aufschrift ›Erzbischof von Mailand‹; auf der Rückseite war das Lamm Gottes auf dem Altar dargestellt. Auch die geistliche Freundschaft zwischen Karl Borromäus und Philipp Neri ist in einer Medaille zum Ausdruck gebracht worden. Bis in unser Jahrhundert hat man immer wieder neue Karls-Medaillen gestaltet und in Umlauf gebracht und so das Andenken an den Heiligen bewahrt. Kaiser und Könige haben im Laufe der Jahrhunderte an seinem Grabe ihre Gaben hinterlegt: Der Sarkophag des Heiligen aus Bergkristall ist ein Geschenk des spanischen Königs Philipp IV. Das mit Edelsteinen besetzte Kreuz stiftete Kaiserin Maria Theresia. Die Goldkrone, die der heilige Karl trägt, ist eine Gabe des Herzogs Karl Theodor von Bayern.

Während in Mailand bis hin zum heutigen Tag das Kreuz verehrt wird, das Karl in der Bittprozession der Pestzeit getragen hat, die Rosenkranzstandarte der Bruderschaft zum Rosenkranzgebet einlädt und die Krypta des Mailänder Domes viele Pilger betend am Sarkophag des heiligen Erzbischofs vereint, sind in Rom und in vielen Städten Italiens Gedenk- und Gebetsstätten zu Ehren des heiligen Karl entstanden.

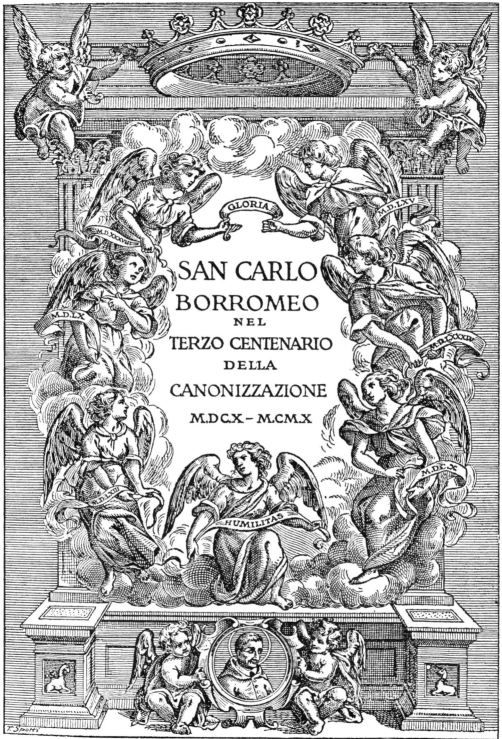

Titelblatt der Jubiläumsschrift zum 300. Jahrestag der Heiligsprechung: 1610–1910;
gedruckt in Mailand im November 1909, hrsg: Biblioteca Ambrosiana

Karl Borromäus in der Kunst

Karl Borromäus hat in doppelter Hinsicht die Kunst seiner Zeit und der folgenden Jahrhunderte beeinflußt. Als Vorbild und Symbol des erneuerten Glaubens übte der Heilige einerseits einen erheblichen Einfluß auf Malerei und Graphik aus. Andererseits erzielten seine Reformvorschriften eine direkte Wirkung auf zahlreiche Kunstwerke.

Im Rahmen dieses Kapitels kann keine erschöpfende Darstellung der ›Kunst um Karl Borromäus‹ angestrebt werden. Hier soll nur der Versuch gemacht werden, einen Eindruck von der großen Verehrung des Heiligen zu vermitteln, die sich kunstgeschichtlich vor allem in Werken der Barockzeit niederschlägt.

Wichtig für das künstlerische Verständnis der Barockkirchen sind zwei Beschlüsse des Konzils von Trient. Als Antwort auf die Eucharistiestreitigkeiten der Reformation wurde in Trient festgehalten, daß in der hl. Messe bei den Einsetzungsworten Brot und Wein sich in den Leib und das Blut Christi verwandeln. Ferner wurde betont, daß in jeder Hostie und in jedem Teil derselben der ganze, ungeteilte Christus mit Leib und Blut enthalten sei. Die konsekrierte Hostie rückte von da an noch stärker in den Mittelpunkt des Gottesdienstes und der Anbetung. Während sie bisher meist an der nördlichen Chormauer in einem Sakramentshäuschen aufbewahrt worden war, wurde in Trient beschlossen, das Allerheiligste auf den Hochaltar zu setzen.

Architektonisch hatte dies zur Folge, daß man, um dem Hochaltar seinen den ganzen geweihten Raum beherrschenden Platz zu sichern, in den alten Kirchen die Lettner abbrach. In den neuen Sakralbauten aber wurde die Architektur nun ganz auf den Hochaltar hin ausgerichtet. Die Seitenaltäre wirkten nurmehr wie Kulissen mit der Aufgabe, den Weg zum Allerheiligsten zu weisen und dessen visuelle Wirkung zu steigern. Das blieb eine der wichtigsten Vorschriften für die Bauprogramme in der Barockzeit. Zum Zeichen der Gegenwart Christi im Tabernakel wurde das Ewige Licht eingeführt.

Eine zweite Lehre des Konzils von Trient ist hier anzumerken, weil sie die kirchliche Baukunst entscheidend beeinflußt hat: das am 13. Januar 1547 feierlich verkündigte Rechtfertigungsdekret. Während Luther und seine Anhänger die Rechtfertigung des Menschen allein durch den Glauben vertraten, verkündigte das Konzil von Trient die Notwendigkeit der Mitwirkung des Menschen am Erlösungswerk. Gegenüber Calvins Prädestinationslehre wurde der freie, verantwortliche Wille des Menschen hervorgehoben. Die Verschlingung des Göttlichen mit dem Menschlichen, die Durchdringung des Himmlischen mit dem Irdischen wird so zu einem wichtigen Programmpunkt der barocken Raumkunst.

Die Karlskirche in Wien

Die mächtige Schauseite der Kirche des hl. Borromäus ist ein reiches, komplexes Gebilde, das der Erbauer Johann Bernhard Fischer von Erlach im Zuge mehrerer Entwürfe aus seinen Grundideen einer ›Historischen Architektur‹ (1721) entwickelt hatte. Als im Jahre 1713 die Pest zum siebzehnten Male in der Stadt wütete, tat Kaiser Karl VI. das feierliche Gelübde, dem Pestheiligen Borromäus eine herrliche Kirche zu errichten, sobald Wien von der unheilvollen Seuche erlöst sein werde; im Februar 1714 war die Pest endlich erloschen. Unverzüglich wurde mit dem Bau eines als imposante Reichskirche gedachten Gotteshauses begonnen, zu welchem alle Teile des Weltreiches, auch Spanien, Mailand und die Niederlande ihren Beitrag zu leisten hatten. Der zentrale, 72 m hohe Rundbau mit der Kuppel, dem vorgestellten Säulenbau in griechischer Tempelform, den beiden 47 m hohen bebilderten Säulen nach Art der römischen Trajanssäule und den seitlichen Torpavillons ist ein Bauwerk, das der Stadt für alle Zeiten und durch alle Wandlungen des Stadtbildes ein monumentales, bestimmendes Wahrzeichen sein und bleiben sollte.

Einzelne dem hl. Karl gewidmete Kunstwerke nördlich der Alpen werden im folgenden näher betrachtet. Vorab sei dazu ein Abschnitt aus dem Band „Kunst um Karl Borromäus" angeführt:

»Das Bedürfnis der Darstellung dieses hervorragenden Mannes läßt sich schon vor der Heiligsprechung im Jahre 1610 nachweisen. Die von den ersten Biographen geschilderten Taten des Heiligen fanden eine breite Aufnahme im Volke, und so wurden die für den Mailänder Dom gemalten Bildtafeln, die ›Quadroni‹, welche, von erstrangigen Künstlern geschaffen, wichtigste Begebenheiten aus dem Leben Karl Borromäus' erzählen, mit Kupferstichen und Holzschnitten weiterhin verbreitet. Nicht immer bot sich die Gelegenheit, einen Sacro Monte in Erinnerung an den Kirchenfürsten von Mailand zu errichten. Darum übertrug man Malern und Bildhauern die Aufgabe, auch kleine Kirchen und Kapellen mit dem markanten Porträt des Verehrten oder einer Szenenfolge aus dessen Leben zu schmücken. Darstellungen des hl. Karl finden sich über das ganze von der katholischen Reform erfaßte Gebiet verteilt. Einzelbilder, Stuckgruppen, zyklische Malereien, reiche Stuckmarmoraltäre oder zierliche Spitzenbildchen zeugen von der großen Verehrung des Heiligen. Diese Hochschätzung ging über das Bildhafte weit hinaus, wählten doch verschiedene Wohltätigkeitsvereine den hl. Karl zu ihrem Patron.«[51]

Wenden wir unseren Blick zunächst nach *Wien*. Dort griff die Pest im Jahre 1713 zum siebzehnten Male um sich und hatte bereits etwa 8000 Menschenopfer gefordert, als Kaiser Karl VI. feierlich gelobte, dem Pestheiligen Karl Borromäus eine Kirche zu erbauen, wenn die Stadt von der Seuche wieder befreit sein würde. Als im Februar 1714 die Pest ihr Ende fand, wurde mit dem Bau eines als Reichskirche konzipierten Gotteshauses begonnen, zu dem aus allen Teilen des Weltreiches Beiträge eingingen. Johann Bernhard Fischer von Erlach (1616–1723) wurde mit dem Bau der Kirche betraut. Er hatte etliche Jahre in Rom verbracht und kannte außer der antiken und italienischen Bauweise auch die französische Baukunst. Nach dem Tode des genialen Künstlers setzte sein Sohn Joseph Emanuel den Bau fort, der am 28. Oktober 1737 von dem ersten Wiener Erzbischof, Kardinal Sigismund Graf Kollonitz, eingeweiht wurde. Die Kirche ist seitdem ein monumentales Wahrzeichen der Stadt und erinnert mit ihren zahlreichen künstlerischen Details an Person und Wirken des hl. Karl.

Die einzigartige Fassade der Karlskirche wendet sich heute dem Karlsplatz zu. Einst beherrschte sie das Glacis bis zum Kärntner Tor. Sie ist zunächst auf frontale Fernwirkung berechnet, bietet jedoch dem Näherkommenden in allen Schrägansichten immer neue und verblüffende räumliche Aspekte. Die seitlichen Glockentürme, zugleich als Tore gestaltet, die beiden Triumphsäulen und der strenge römische Tempelportikus wahren ebenso wie die Kuppel ihr Eigenrecht und bieten doch, in verschiedenen Schichten liegend, von jedem Standpunkt aus neue Perspektiven. Fischer von Erlach hat sich zum Teil auch von außereuropäischen Formen anregen lassen. So klingt bei den Glockenbauten Asiatisches an und bei den Triumphsäulen neben der Säule Trajans die Erinnerung an Minarette. Der ganze Bau hat mehrfache symbolische Bedeutung, in der sich die Schöpfung des Kaisers mit dem salomonischen Tempel verbindet. So sind die beiden Säulen zugleich Anspielungen auf Karls VI. Devise ›constantia et fortitudo‹ (Beständigkeit und Tapferkeit) und auf die Säulen des Herkules, einer Personifikation des Kaisers.

Hohenems in Vorarlberg hat die Verehrung des hl. Karl bis zum heutigen Tag lebendig gehalten. Die Pfarrkirche steht unter seinem Patrozinium und viele Einzelheiten erinnern an den Besuch des Heiligen in Hohenems im Jahre 1570. So begegnet uns Karl Borromäus etwa auf dem großen Glasgemälde auf der Nordseite des Chores, das 1951 von Albert Rauch in Schlins entworfen wurde. Das Wappen der Medici und Borromeo am Chorgestühl der Kirche erinnert ebenfalls an Karl Borromäus. Alljährlich wird am 4. November dem gläubigen Volk der Segen mit dem Reisehut des hl. Karl erteilt, der in dem Renaissancepalast neben der Kirche aufbewahrt wird. In Rathausnähe veranlaßte der Neffe Karls, Graf Kaspar von Hohenems, 1616/17 den Bau der St.-Karls-Kapelle. Themen aus dem Leben des Heiligen sind hier bildlich dargestellt, so etwa die Kardinalsernennung Karls durch Papst Pius IV. und die so oft gestaltete Attentatsszene. Auch die Friedhofskapelle enthält am linken Seitenaltar Darstellungen des hl. Karl.

Ein eigenwilliges Bauwerk ist die Tiroler Karlskirche in *Volders* am Inn, deren Grundstein 1620 gelegt wurde. Sie ist zugleich ein schönes Beispiel für die im Kirchenvolk verankerte Karlsverehrung. Ihre Entstehung verdankt die Kirche der Initiative eines Arztes, Hypolyt Guarinoni (1571–1654), der bei ihrem Bau auch selbst Hand anlegte. Guarinoni war ein mit apostolischem Eifer beseelter Laie, der eine große Verehrung zu Karl Borromäus hatte und sich ganz in seinem Sinne für die innere Reform der Kirche einsetzte. Er gab Glaubensunterweisung für die Jugend und bemühte sich 1634 um die Pestkranken in Tirol. Bekannt ist seine Frömmigkeit; er unternahm eine Fußwallfahrt nach Loreto und 1613 eine Pilgerreise nach Rom.

Guarinoni wollte in der Kirchenarchitektur das Geheimnis der hl. Dreifaltigkeit zum Ausdruck bringen: Die Einheit (Hauptraum) und die Dreiheit (Kapellen) sollten zum geschlossenen Grundriß verschmolzen werden, der sich im Turm wiederholt. Am Turm entspricht der 1730–1740 gemachte Abschluß nicht dem ursprünglichen Plan, der nirgends scharfe Kanten oder ruhende Flächen vorsah, sondern über dem Sockel die vier Einzelteile plastisch selbständiger ausformen und den runden Kern doppelt so hoch wie den Unterbau zur Spirale gedreht emporziehen wollte. Nur durch diese Höhe hätte der Turm die zerfließende Architektur zusammenfassen kön-

Volders, Kirche zum hl. Karl Borromäus

Die Glorie des hl. Karl

nen. Am Turm und Haus fallen die grotesken Formen der Fenster auf; hierbei sind alle nur denkbaren Formen aneinandergereiht. Eigenwillig ist auch die Westfassade mit dem einzigartigen Eingangsportal, das zwischen den vier Nischen unorganisch in der Fassade steht. Eine kleine Vorhalle, die im Norden und Süden in zwei Apsiden mit Kapellen ausmündet, führt in den runden großen Hauptraum, der von flutendem Licht erfüllt ist. Die Ausgestaltung ist leider nur noch hinter den Seitenaltären im ursprünglichen Stil erhalten. Alles wurde 1765/66 im Rokokostil umgeformt und von Georg Gigl mit Stukkaturen versehen. Das große Kuppelfresko mit der Glorie des hl. Karl Borromäus malte 1767 Martin Knoller; es verbindet sich mit dem Bau zu einer Einheit, obwohl dieser hundert Jahre früher entstand. Die Kuppelmalerei der von Guarinoni selbst gestalteten Kirche ist eine ausdrucksstarke barocke Darstellung des ›Welttheaters‹ im Calderonschen Sinne: Karl Borromäus empfängt den himmlischen Lorbeer, nachdem er den irdischen Lauf vollendet hat. Das Deckenfresko zeigt den Arzt als Knaben an der Hand des hl. Karl.

In *Salzburg* ließ der Erzbischof Marcus Sitticus (1574–1619) im Jahre 1614 eine Kapelle in der Franziskanerkirche seinem Onkel Karl Borromäus

Karl Borromäus und der Stifter der Kirche als Knabe.
Deckenfresko in der Karlskirche von Volders am Inn

Karl Borromäus

Steinrelief über dem Haupteingang zum Salzburger Borromäum,
dem neugebauten Priesterseminar

weihen – vier Jahre nach dessen Heiligsprechung. Auch die Gründung der Universität geht auf diesen Erzbischof zurück. Als man 1618 mit dem Bau der Universitätsgebäude begann, wurde die erste Kapelle, das sog. Sacellum, dem hl. Karl geweiht. In der großen Aula, in der bis 1776 Theateraufführungen stattgefunden haben und die heute als Vorlesungsraum und Festsaal dient, erblickt man an der Stirnseite ein großes Gemälde von Adrian Bloemart (1636), das den hl. Karl auf die Gottesmutter blickend darstellt; er steht zwischen den Patronen der Stadt Salzburg.

Im Salzburger Dom findet sich eine Karlskapelle im rechten Seitenschiff. Johann Heinrich Schönfeld wird als Urheber des heute stark gedunkelten Altarbildes genannt, das eine ergreifende Szene aus der Mailänder Pestzeit schildert. Vier Deckenbilder – wohl aus späterer Zeit und von einem anderen Meister – stellen den Priester Karl Borromäus in grünem liturgischen Meßgewand und als Beter dar.

Als Patron der Salzburger Universität hat Karl Borromäus seinen Altar in der Collegienkirche. Das Altarbild von J. M. Rottmayr (1722) stellt zwei Szenen aus dem Leben des hl. Karl in einer Komposition dar. Der Karlsaltar birgt ein Reliquiar über dem Altartisch und darüber ein Bildnis des Heiligen im Medaillon. Die Collegienkirche bewahrt einen noch gut erhaltenen Kardinalshut des Mailänder Erzbischofs auf. Das Alte Borromäum der Stadt Salzburg – jener Adelspalast, den Erzbischof Paris Lodron 1631 erbauen ließ und der von 1850–1912 Sitz des Collegium Borromäum war – beherbergt heute das Mozarteum.

In loser Folge und ohne Anspruch auf Vollständigkeit seien noch einige Kunstwerke genannt, die die Verehrung für Karl Borromäus zum Ausdruck bringen.

Im Bayerischen Wald, unweit der tschechischen Grenze, ist in der Dorfkirche von *Philippsreuth* eine Holzfigur des hl. Karl zu sehen.

In der Josefskirche in Karlsbach, etwas weiter südlich, hängt ein großes Gemälde: Karl Borromäus wendet sich einem Kranken zu (Abb. S. 108). An derselben Autostraße liegt *Waldkirchen,* das in einem höher gelegenen Waldstück eine Karlskapelle besitzt: schon 1663 wurde sie erbaut, 1756 vergrößert und mit Deckenfresken ausgestattet, die den hl. Karl als Kardinal darstellen. Seit der Renovierung 1975 pilgern alljährlich am Emmaustag viele Männer zu dieser Kapelle.

Bisweilen findet man Schloßkapellen, die dem hl. Karl geweiht sind. In *Poxau* (Regensburger Diözese) hat der frühere Besitzer des Schlosses die Kapelle zu Ehren des hl. Karl einrichten lassen: Altarbild, Deckengemälde und Medaillons erinnern noch heute an ihn. Auch die ›Karlskirche‹ der Diözese *Trier* ist eine solche Schloßkapelle, in der das Altarbild den hl. Karl vor der Monstranz kniend darstellt. Diese Kapelle ist heute Pfarrkirche von *Merxheim* bei Sobernheim (Nahe/Glan).

Relief am Karlstor in St. Gallen 1570

Das heute allgemein bekannte Karlstor erhielt seinen Namen zur Erinnerung an den Besuch
von Karl Borromäus vom 26. August 1570. Es wurde in einer eindrucksvollen Mischung von
Gotik und Renaissance durch Steinmetz Baltus von Salmannsweiler (Salem) ausgeschmückt.
Das große Relief zeigt das Wappen des Abtes Otmar Kunz und daneben die Schutzheiligen
Gallus und Otmar, darüber im Giebel den Gekreuzigten mit Maria und Johannes, zu deren
Seiten die Wappen des Papstes Pius IV. und des Kaisers.

Die Mainbrücke in Würzburg (auch Nothelfer-Brücke genannt),
auf der Karl Borromäus als Brückenheiliger aufgestellt ist.

Als Brückenheiliger steht Karl Borromäus heute noch in *Würzburg* auf
der Alten Brücke, einst stand er auch auf der Unterbrücke über der Regnitz
in *Bamberg*. In der näheren Umgebung von Bamberg finden sich Statuen
des hl. Karl in den Wallfahrtsorten Gößweinstein, Eggenbach, Maria Lim-
bach, ebenso in der Balthasar-Neumann-Kirche in Leuzendorf. In Bamberg hat der Weihbischof Friedrich Förner am 6. 8. 1628 dem hl. Karl Borromäus eine Kapelle beim Nebenstift St. Stephan geweiht. Er selbst war eine
Zeitlang Prediger der Schweizer Garde im Vatikan und ein Verehrer des Reformbischofs Karl Borromäus. Lange Jahre hindurch war er Domprediger
in Bamberg und seine 214 Predigten zeigen, daß er wie sein Vorbild Borromäus die Passion Christi zum Kernthema seiner Verkündigung gemacht
hat. In Bamberg gab es seit 1661 eine Priester-Bruderschaft – Foedus
pium –, deren Patrone Karl Borromäus, Otto von Bamberg und Philipp
Neri waren. Daran erinnert heute noch ein Carolus-Altar in der Kirche St.
Gangolf und ein Meßkelch, auf dessen Fuß ein Bild des hl. Karl zu sehen
ist. Aus den Bruderschaftsbüchern ersieht man, daß in die spirituelle Betreuung der Priester auch Schriften des hl. Karl einbezogen wurden.

Die Karls-Statue auf der Mainbrücke

Wie fast alle Städte, die an einem Fluß liegen, hat auch Würzburg zwei Stadtteile. Den Kern bildet die Altstadt am rechten Mainufer. Eine im 12. Jahrhundert errichtete Brücke verband die beiden Stadtteile zu einem Ganzen. Ein Neubau dieser Brücke in Stein wurde 1473 in Angriff genommen, aber erst 1543 vollendet. Unter dem Fürstbischof Friedrich Karl, Graf von Schönborn (1729–1746), der gleichzeitig Fürstbischof von Bamberg war, wurde die Brücke mit Sandsteinfiguren von Heiligen ausgestattet, darunter befindet sich auch der heilige Karl Borromäus. An der Spitze der Brückenheiligen steht als Patronia Franconiae die Muttergottes, dann die Bistumsheiligen Kilian, Colonat, Totnan, Burkkard und Bruno. Auf der anderen Seite: Josef mit dem Jesuskind und Johann Nepomuk, sowie die persönlichen Patrone des Fürstbischofs Friedrich Karl, dann die Statuen Karls des Großen, und Pipins, mit denen der dem Reich und seiner Geschichte verbundene Fürst den bekanntesten Vorgängern in der weltlichen Herrschaft des großen Frankenreiches ein Denkmal setzte. Als besonderer Verehrer des heiligen Altarsakramentes hat Karl Borromäus als Attribut in der linken Hand einen Kelch, die Rechte erhebt die Hostie.

Im Taufregister ist zum Fürstbischof Friedrich Karl folgende Bemerkung zu lesen: »In dem heiligen Tauff bekam er die Namen Friedrich Carl von beyden Hochwürdigsten seinen Herrn Tauf-Pathen Lotario Friederico von Metternich Ertz-Bischoffen und Chur-Fürstn zu Mayntz und Carlo von der Leyen, auch Ertz-Bischoffen und Chur-Fürsten zu Trier.« Zeitgenossen berichten über den Fürstbischof, das er täglich zur Gottesmutter, dem hl. Michael und den Namenspatronen betete.

Aber auch sonst nahm sich der Fürstbischof Karl Borromäus zum Vorbild. In der Würzburger Diözese ließ er etwa 150 Gotteshäuser errichten oder erweitern. In den evangelischen Städten Erlangen (1738) und Bayreuth (1745) holte er sich die Genehmigung ein, für die dort wohnenden Katholiken Kirchen zu errichten. Für deren Bau stellte er größere Beträge zur Verfügung.

Der Wunsch des Fürstbischofs, »das ihm anvertraute Land mit den tauglichsten Priestern und Lehrern zu versehen«, macht die geistige Verbindung von Friedrich Karl mit dem Mailänder Kardinal besonders deutlich. Unter die erste Fassung der Studienordnung, die er der Universität Würzburg gab, lesen wir: »Geben in Unserer Statt Carlstatt an dem Fest des heiligen Caroli, den 4. Tag im November ... Tausend sieben Hundert ein und dreysig. Jeder Alumne soll insbesondere seine Seele den fünf Wappen, dem Schutz der Jungfrau Maria, des Schutzengels und seines Namenspatrons empfehlen.«

Multitudinem peregrinorum Mediolanum iubilæi causa undiq: confluentium benignè recipit, eorumq. pedes humilli. me lauat

Al tempo che publica il Giubileo in Milano ui concorrono molti pellegrini, gli riceue con ogni caritá et anco gli laua humilmente li piedi

Viele Pilger kamen zum Jubeljahr nach Mailand.
Karl empfängt sie mit Liebe und wäscht ihre Füße.

Die Barmherzigen Schwestern
vom hl. Karl Borromäus

Zur Geschichte der Borromäerinnen

Wie schon der Name andeutet, widmen sich die Barmherzigen Schwestern der Kongregation den Werken der Nächstenliebe, dem Schulunterricht und karitativen Hilfeleistungen. Ihren Ursprung nahm diese Schwesterngemeinschaft in Nancy, der Hauptstadt des ehemaligen Herzogtums Lothringen. Die Gründung der ›Barmherzigen Schwestern des hl. Karl Borromäus‹ geschah nicht durch Karl selbst, sondern erst nahezu siebzig Jahre nach seinem Tode, jedoch ganz im Sinne seiner Pastoraltheologie als Hinwendung zu den hilfsbedürftigen Mitmenschen.

Schon bald nach der Gründung im Jahre 1652 legten die Schwestern zum ersten Male die Gelübde ab und verbanden diese darüber hinaus mit dem Versprechen der Pflege der Kranken und Hilflosen und der Kindererziehung. Zur ambulanten Krankenpflege kam die Übernahme von Hospitälern und die Erteilung von Schulunterricht für Kinder und Jugendliche hinzu.

Das Vorbild des hl. Karl vertiefte und stärkte die Spiritualität der Barmherzigen Schwestern. Er wurde für sie zum Leitbild in der Pflege der Kranken, in der Sorge für die Armen und Kinder, Vorbild auch für den Unterricht, für die Heiligenverehrung, insbesonders für die Verehrung der hl. Familie (oftmals ist Karl Borromäus nach Loreto gepilgert), und nicht zuletzt für die große Verehrung zum hl. Altarssakrament. Auch suchte Karl Borromäus das ›tätige‹ mit dem ›beschaulichen‹ Leben zu verschmelzen, er war ein großer Beter und zugleich engagiert in seinen pastoralen Werken. Die Borromäerinnen ihrerseits üben eine öffentliche soziale Tätigkeit aus und holen sich doch in klösterlicher Gemeinschaft die Kraft für ihr geistliches Leben. Die jüngsten Konstitutionen sprechen in diesem Zusammenhang von der ›kontemplativen Barmherzigkeit‹.

Der barmherzige Dienst ist bei den Borromäerinnen Folge und Ausdrucksform des geistlichen Lebens. In der Vergangenheit ist häufig die starke Gottverbundenheit der Barmherzigen Schwestern hervorgehoben worden, die aus dem Leben des Gebetes und den Sakramenten die Kraft zum hingebungsvollen, opferbereiten Dienst am Menschen schöpfen. Die Einübung der Tugenden wie Demut, Gehorsam, Keuschheit usw. bildet ebenfalls ein Herzstück der Kongregationsspiritualität.

Die Borromäerinnen verbreiteten sich im 17. und 18. Jahrhundert vor allem in Frankreich, wo sie in rund siebzig Niederlassungen in Krankenhäusern, Kindergärten, Kinderheimen, Schulen und Altersheimen und anderen sozialen Einrichtungen tätig waren. Wie alle Orden, so hatten auch die Borromäerinnen während der französischen Revolution schwer zu leiden.

GESCHICHTSTAFEL DER KONGREGATION

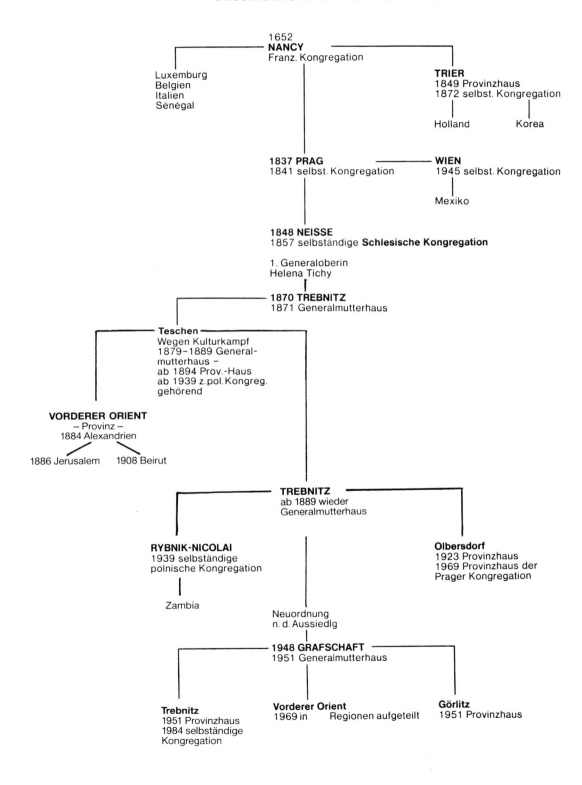

1652
NANCY
Franz. Kongregation

Luxemburg
Belgien
Italien
Sénégal

TRIER
1849 Provinzhaus
1872 selbst. Kongregation

Holland   Korea

1837 PRAG ———————— **WIEN**
1841 selbst. Kongregation   1945 selbst. Kongregation

Mexiko

1848 NEISSE
1857 selbständige **Schlesische Kongregation**

1. Generaloberin
Helena Tichy

1870 TREBNITZ
1871 Generalmutterhaus

Teschen
Wegen Kulturkampf
1879–1889 General-
mutterhaus –
ab 1894 Prov.-Haus
ab 1939 z.pol.Kongreg.
gehörend

VORDERER ORIENT
– Provinz –
1884 Alexandrien

1886 Jerusalem   1908 Beirut

TREBNITZ
ab 1889 wieder
Generalmutterhaus

RYBNIK-NICOLAI
1939 selbständige
polnische Kongregation

Zambia

Olbersdorf
1923 Provinzhaus
1969 Provinzhaus der
Prager Kongregation

Neuordnung
n. d. Aussiedlg

1948 GRAFSCHAFT
1951 Generalmutterhaus

Trebnitz
1951 Provinzhaus
1984 selbständige
Kongregation

Vorderer Orient
1969 in   Regionen aufgeteilt

Görlitz
1951 Provinzhaus

Mutterhaus der Borromäerinnen in Trier (Schwesternhof)

Die Schwestern mußten das Ordenskleid ablegen, vielfach ihre Wirkungsstätten verlassen, nicht wenige in Gefängnisse gehen. Am 22. Juli 1804 konnten die Schwestern am Altar ihrer Mutterhauskirche jubelnd die Feier ihrer Wiedereinkleidung begehen. 1859 erhielt die Kongregation die päpstliche Bestätigung. Im 19. Jahrhundert gründeten die Schwestern in fast allen europäischen Ländern ihre Niederlassungen. Neben dem Stamm-Mutterhaus in Nancy wurden weitere Mutterhäuser gegründet und zwar 1837 in Prag, 1849 in Trier und 1857 in Trebnitz in Schlesien.

Mutterhaus in Trier

In den Bereich der heutigen Diözese Trier kamen die ersten Borromäerinnen zur Zeit, als das linke Rheinufer unter französischer Herrschaft stand. Aber bereits 1739, als Teile von Lothringen zum alten Erzbistum Trier gehörten, waren Schwestern nach Stenay a. d. Maas und 1762 nach Marville gekommen. Am 1. April 1811 hielten die ersten vier Schwestern in Trier ihren Einzug, um an den ›Vereinigten Hospitien‹ in St. Irminen ihre Aufgaben zu übernehmen. Die segensreiche Tätigkeit der Schwestern ließ auch in

St. Carolus Borromäus

Steinrelief St. Carolus, Boppard

anderen, durch die politischen Umwälzungen ihrer Hospitäler beraubten Städten den Wunsch nach Borromäerinnen für die Krankenpflege wach werden. Die beiden bekannten rheinischen Dichter und Schriftsteller Clemens Brentano und Joseph Görres setzten sich in ihren Schriften: ›Die Barmherzigen Schwestern in bezug auf Armen- und Krankenpflege‹ und ›Kirche, Staat und Cholera‹ in der Öffentlichkeit nachdrücklich für die Berufung von Borromäerinnen ein. So kamen 1826 Schwestern nach Koblenz, 1838 nach Aachen, 1845 nach Andernach, 1846 an das Hedwigskrankenhaus in Berlin. Darüber hinaus finden wir 1837 Schwestern in Prag, 1855 in Boppard, 1859 in Osnabrück und 1861 in Hamburg. Damit wurde der Ruf nach einem deutschen Mutterhaus immer lebendiger. Sogar König Friedrich Wilhelm IV. von Preußen stellte bei einem 1843 erfolgten Besuch der Trierer Hospitien fest, daß die dort befindlichen Kranken hervorragend gepflegt und betreut wurden und äußerte den Wunsch, Schwestern für die Krankenpflege in den preußischen Ländern zu erhalten. Am 31. Juli 1848 erließ er eine Kabinettsorder, wodurch die Errichtung eines Provinzialhauses mit Noviziat in Trier genehmigt wurde, welches am 21. November 1849 eröffnet werden konnte. Zur neuerrichteten Provinz gehörten elf Niederlassungen mit insgesamt vierzig Schwestern, dreiundzwanzig Novizen und zwei Postulantinnen. Zum Trierer Mutterhaus gehörte vorübergehend eine Niederlassung in Echternach (Luxemburg) und eine in Tongern (Holland). Ein wahrer Sturm von Nachfragen um Borromäerinnen setzte ein: In den zehn Jahren zwischen 1850 und 1860 erfolgten sechsundzwanzig Neugründungen. Weitere vierundzwanzig Bitten um Niederlassungen konnten nicht erfüllt werden, weil nicht genügend Schwestern zur Verfügung standen.

Die schlesischen Borromäerinnen

Im Jahre 1837 kamen die ersten Borromäerinnen nach Prag, wo sie mit Hilfe der Fürstin Helena von Lobkowitz ein Mutterhaus errichteten, bald eine Anzahl Novizinnen aufnehmen konnten und am 24. Mai 1841 von Rom als Kongregation für Österreich bestätigt wurden.

Von Prag aus kamen Ende Oktober 1848 drei Borromäerinnen nach Neisse in Schlesien. Schlesien war damals der geeignete Boden für Ordensberufe, und die kleine Niederlassung entwickelte sich bald zu einem Provinzhaus mit Noviziat. Der Zweig entwickelte sich rasch, bereits 1857 wurde er von Rom als selbständige Schlesische Kongregation genehmigt und bestätigt. Die erste Generaloberin war Mutter Helena Tichy, welche bis zu ihrem Tode im Jahre 1886 segensreich wirkte. Da das Mutterhaus in Neisse bald zu klein wurde, bemühte sie sich um ein größeres Eigentumshaus. Sie richtete ihr Augenmerk auf das von der hl. Hedwig gegründete Kloster in Trebnitz, das ursprünglich von Zisterzienserinnen bewohnt war.

Kloster Grafschaft, Mutterhaus der schlesischen Borromäerinnen

Dorthin wurde das Mutterhaus 1870 verlegt. Die Kongregation breitete sich nun schnell aus, bis der Kulturkampf hemmend eingriff. Die Staatsgesetze verlangten die Aufhebung sämtlicher Erziehungsanstalten, die Schwestern durften nur noch die Krankenpflege ausüben. Für die Lehrschwestern suchte die Generaloberin eine Wirkungsstätte in Österreich, welche sie nach Überwindung vieler Hindernisse in Teschen fand. Erst nach dem Kulturkampf konnte die Kongregation 1889 das Kloster Trebnitz durch Kaufvertrag erwerben, so wurde Trebnitz wieder Generalmutterhaus, während Teschen 1894 Provinzhaus für die in Österreich liegenden Niederlassungen wurde. Nach 50 Jahren segensreicher Tätigkeit zählte die Kongregation im Jahre 1898 bereits 923 Profeßschwestern und 301 Novizinnen in 149 Niederlassungen. Im Jahre 1939 war die Mitgliederzahl auf 3580 angestiegen.

Ein weiteres Arbeitsfeld erschloß sich der schlesischen Kongregation der Borromäerinnen im Orient. 1884 übernahmen sie die Leitung der deutschen Schule in Alexandrien.

Während des Ersten Weltkrieges leisteten die Schwestern dort ihren Einsatz in der Kriegskranken- und Verwundetenpflege. Etwa 800 Krankenschwestern waren im In- und Ausland in den Kriegs- und Reservelazaretten tätig, mehrere fielen den Anstrengungen und Seuchen zum Opfer. Besonders hart wurde nach dem Ersten Weltkrieg die Orientprovinz heimgesucht. Die Schwestern in Ägypten mußten das Land verlassen und fanden in Trebnitz eine Zufluchtsstätte. Als nach mehreren Jahren ihre Rückkehr erlaubt wurde, machten die damaligen Verhältnisse eine Verlegung des Provinzhauses von Alexandrien nach Jerusalem notwendig, das sich noch jetzt dort befindet. Aus der österreichischen Provinz wurde die sudetendeutsche mit dem Provinzhaus in Olbersdorf.

Die Jahre nach Kriegsende waren geeignet, die Kongregation zur Blüte zu bringen. Zahlreiche Ordensberufe meldeten sich, neue Niederlassungen konnten übernommen werden. Die Ordensleitung suchte vor allem den Ordensgeist zu pflegen und das Innenleben der Schwestern zu bereichern. Wie notwendig das war, zeigte sich bald darauf, als der Nationalsozialismus in die Rechte der Klöster willkürlich eingriff. Wiederum verlor die Kongregation sämtliche Unterrichts- und Erziehungsanstalten. Die Schwestern arbeiteten in dieser Zeit in den Niederlassungen, welche der Kongregation verblieben. Als der Zweite Weltkrieg ausbrach, waren sie sofort bereit zu helfen, wo es nötig war. Zahlreiche Krankenschwestern widmeten sich der Verwundetenpflege in den Reservelazaretten und harrten aus bis zum Zusammenbruch. Die Kongregation erlitt schwere und sehr schmerzliche Verluste. Gegen Ende des Krieges wurde ein Teil der Schwestern mit der Wehrmacht oder mit Kranken, Alten und Kindern evakuiert. 1945/46 mußte der größte Teil der deutschen Schwestern die Ostgebiete, vor allem Schlesien und somit auch Trebnitz, verlassen. In mühevoller Arbeit halfen die evakuierten Schwestern in behelfsmäßigen Heimen die Vertriebenen unterzubringen und übernahmen die Betreuung der Kranken, Alten und Kinder. Görlitz an der Neisse wurde vorläufiges Mutterhaus, war jedoch nicht günstig gelegen wegen der schwierigen Verkehrsverhältnisse. Für die heimatlosen Schwestern mußte eine Zentrale im Westen Deutschlands gefunden werden. 1948 kamen die ersten Schwestern nach Grafschaft in Westfalen. Um ihnen eine Heimat zu geben, wurde die ehemalige Benediktiner-Abtei in Grafschaft gepachtet. Das ruinengleiche Gebäude wurde unter großen Opfern und Schwierigkeiten innen vollständig umgebaut und neu gestaltet. Am 8. August 1951 konnte nach zwölf Jahren wieder ein Generalkapitel stattfinden. Am 17. Januar 1952 bestätigte Papst Pius XII. das Kloster Grafschaft als Generalmutterhaus. Trebnitz wurde Provinzhaus für die polnisch besetzten Gebiete, Görlitz das Provinzhaus für Mitteldeutschland. Seit 1970 sind alle Kongregationen der Barmherzigen Schwestern vom hl. Karl Borromäus, die aus dem Stamm-Mutterhaus Nancy hervorgegangen sind (Nancy, Trier, Znojmo-Prag, Grafschaft-Trebnitz, Mikolow und Wien), in einer Föderation verbunden.

Die Deutsche Schule in Alexandrien und die Orientmission

Die Deutsche Schule der Borromäerinnen in Alexandrien wird 1984 einhundert Jahre alt. Sie schaut auf ein Jahrhundert schwerer, aufopferungs- und sorgenvoller Arbeit zurück, auf Dezennien gewaltigen politischen, wirtschaftlichen, sozialen und kulturellen Wandels und steht doch heute wie damals unverändert als eine der besten Bildungsstätten in dieser traditionsreichen Hafenstadt am Mittelmeer da. Generationen von Ägyptern, und nach dem Kriege viele Hundert junge Mädchen haben die Schule durchlaufen und sind von ihr in und außerhalb ihrer Heimat ins Leben entlassen worden. Ordnung, Disziplin und Fleiß, aber ebenso Toleranz, Verständnisbereitschaft und menschliche Wärme sind zu Markenzeichen geworden, die die Alexandriner Borromäerinnen-Schule bis heute begleiten.

Entstehung und Entwicklung der Schule und Orientmission seien nachstehend skizziert. Grundlage hierzu bildet die 1984 erschienene Festschrift zum 100jährigen Bestehen.

Am 1. Mai 1883 wurde die erste katholische Schule in Ägypten gegründet und am 7. August begannen die ersten deutschen Borromäerinnen ihre Tätigkeit an der gerade ein Jahr alt gewordenen Deutschen Schule.

Am 22. Juli 1884 traten die ersten drei für Alexandrien bestimmten Schwestern ihre Reise nach Alexandrien an. Am 7. August begannen sie ihre Tätigkeit an der gerade ein Jahr alt gewordenen Deutschen Schule. Nach mehrjähriger praktischer Erfahrung konnte 1894 für die stattliche Zahl von 160 Schülern ein fester Lehrplan ausgearbeitet werden. Im großen und ganzen entsprach er dem Plan einer deutschen Höheren Mädchenschule. Es mußte dabei den besonderen Verhältnissen des Landes und der Schülerschaft Rechnung getragen werden. Aufgabe der Schule war es vor allem, den deutschen Kindern, für welche sie zuerst ins Leben gerufen worden war, und durch die Kinder auch den deutschen Familien eine geistige Verbindung mit der fernen Heimat zu geben.

Bei der steigenden Zahl der Schüler konnten die Schwestern die Arbeit nicht mehr bewältigen. Die große Entfernung wie die besonders schwierige Tätigkeit im Orient machten es wünschenswert, im Lande selbst Nachwuchs heranzubilden. Inzwischen erbat man auch die Hilfe der Schwestern für hilfsbedürftige Greise; der Verein vom Heiligen Land wünschte sich Schwestern für Schulen und Hospize in Palästina. Daher wurde 1894 in Alexandrien ein eigenes Provinzialmutterhaus mit Noviziat gegründet. Im Dezember 1894 traf die in Rom am 14. 11. 1894 ausgefertigte Urkunde ›Canonica Erectio Provinciae Orientis‹ ein.

Alle bis dahin gegründeten oder noch zu gründenden Häuser sollten unter dem Namen ›Orientprovinz der Barmherzigen Schwestern vom hl. Karl Borromäus‹ zusammengefaßt werden. Nun konnte sich die Missionstätig-

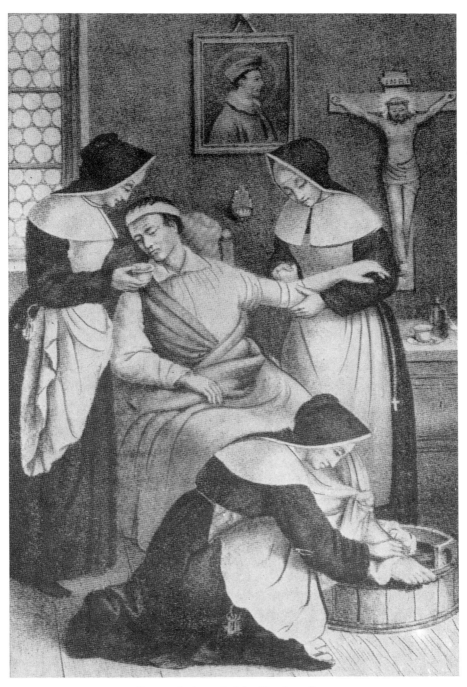

Borromäerinnen bei der Krankenpflege

keit der Schwestern frei entfalten und weitere Bildungsstätten und karitative Anstalten gegründet werden.

Mit dem Ausbruch des Ersten Weltkrieges ging den deutschen Schwestern die Ausweisung zu. Das Exil sollte bis 1921 dauern. Die ausgewiesenen Schwestern waren während des Krieges meist auf schweren Posten – z. B. in der Lazarettpflege – eingesetzt. In der kurzen Zeit von 1915 bis 1921 fanden 25 junge Schwestern aus der Orientmission den Tod.

Der Wiederaufbau der Schulen in Ägypten nach Kriegsschluß war mit außerordentlichen Schwierigkeiten verbunden. Um zu verhindern, daß man das Besitztum der Borromäerinnen nichtdeutschen Ordensgenossenschaften übertrug, wurden zur Besetzung der ägyptischen Häuser alle nichtdeutschen Schwestern der Kongregation herangezogen. Von 1921 bis 1924 sind 43 Schwestern in den Orient zurückgekehrt; die Gesamtzahl der Orientschwestern belief sich damals auf 139. In Alexandrien arbeitete man nun unermüdlich am Ausbau der Schule. Ab 1924 stieg die Zahl der Schülerinnen wieder an. Durch Vermittlung des katholischen Lehrerinnenvereins in Berlin-Steglitz übernahm das Auswärtige Amt in Berlin die Kosten für die Hin- und Rückreise der deutschen Lehrkräfte.

Bei Ausbruch des Zweiten Weltkrieges verließen die meisten deutschen Familien das Land. Die Schule durfte jedoch mit Zustimmung der Regierung ihren Unterricht weiterführen. Als der Kriegsschauplatz sich nach Ägypten verlegte, ergab sich für die Borromäerinnen eine zusätzliche Aufgabe. Es wurde den Schwestern in Alexandria erlaubt, die verwundeten deutschen Gefangenen zu besuchen und durch Geschenke zu erfreuen.

Die Entwicklung der Schule in der Nachkriegszeit sowie das Anwachsen der Schülerzahl erforderte die Einstellung zusätzlicher deutscher Lehrkräfte, doch gestattete die finanzielle Lage der Anstalt nicht, die Kosten für eine angemessene Besoldung dieser Lehrkräfte zu übernehmen. Aus dieser Notlage half das Auswärtige Amt, das seit 1955 die Alexandriner Schule nachhaltig unterstützt. Sie ist zusammen mit der Deutschen Schule der Borromäerinnen in Kairo und der Deutschen Evangelischen Oberschule in Kairo zu einer der bedeutenden Schulen in Ägypten mit 710 Schülerinnen im Schuljahr 1982/83 herangewachsen. In der Zusammensetzung ihrer Schülerinnen ist der Anteil der ägyptischen Mädchen immer stärker geworden. Er beträgt heute 90%, zwei Drittel der Schülerinnen sind Muslime. Damit hat sich der Charakter der Schule, die einst vorwiegend der Ausbildung von Kindern europäischer Herkunft diente, gewandelt zu einer Schule, die nunmehr ein Verbindungsglied zwischen deutscher und ägyptischer Kultur darstellt.

Musizierende Schülerinnen auf dem Schulhof der Schmidtschule in Jerusalem

Unterricht in St. Carolus, Boppard am Rhein

Gegenwärtiger Stand der Niederlassungen im Orient

Seit Ausbruch des Zweiten Weltkrieges ist der Nachwuchs aus der deutschen Heimat völlig ausgeblieben. Dies hat in der Orientmission zu großen Schwierigkeiten geführt und einige blühende Niederlassungen mußten aufgegeben werden.

Heute bestehen noch folgende Häuser und Wirkungsstätten:
Jerusalem: Regina Angelorum – Provinzmutterhaus mit Pilgerhospiz, Internat, Schule und Poliklinik; Schmidt-Schule beim Damaskustor, dem Verein vom Hl. Land gehörend; Emmaus-Kubebe ›Ave‹, Gästehaus und eine Poliklinik für die arme Landbevölkerung; Haifa – Pilgerhospiz; Nazareth – Altenheim und Gästebetreuung.

In Ägypten bestehen 4 Häuser: Alexandrien – Schule und Pelizäusheim; die Schule in Kairo – Bab el Louk und in Meadi: Altenheim für Ordensschwestern, Poliklinik und Kindergarten der Bab el Louk-Schule.

Im Hl. Land sind noch 65 Schwestern tätig; in Ägypten sind es nur noch 45 Professen, 2 Novizinnen und 4 angehende Postulantinnen.

Glücklicherweise besteht einheimischer Nachwuchs, so daß die Weiterführung der Häuser erwartet werden kann.

Adam Wienand

Bischöfliches Collegium
Borromaeum zu Münster

Auf die Bedeutung Karls für die Einrichtung von Priesterseminaren ist bereits hingewiesen worden. ›Borromäum‹ ist der Name einer ganzen Reihe von Priesterseminaren, die in den Jahrhunderten nach Karl gegründet wurden. Zu den zentralen Aufgaben der Priesterausbildungsstätten zählen die gesamtmenschliche Persönlichkeitsbildung, ein intensives philosophisch-theologisches Studium, die Vertiefung des geistlichen Lebens der Kandidaten und die Ausbildung in den Erfordernissen der Seelsorge.

Exemplarisch für die nach Karl benannten Priesterseminare wird im folgenden das Borromäum in Münster behandelt, das 1984 auf sein 130jähriges Bestehen zurückschaut. Grundlage für diese Abhandlung ist die Gedenkschrift, die das Collegium Borromäum anläßlich seines 100jährigen Bestehens 1954 herausgegeben hat.

Am 13. Dezember 1565 überbrachte der hl. Petrus Canisius im Auftrage des Papstes Pius IV. die Beschlüsse des Tridentinums nach Münster. Schon während der Regierungszeit des Fürstbischofs Wilhelm von Ketteler (1553–57) war eine neue Prüfungsordnung für die Ordinanden erlassen, um so den Bildungsstand der Geistlichen zu heben. Nach der neuen Ordnung sollten nun außer dem Rektor der Domschule und dem Succentor auch der Generalvikar, der Domprediger, der Dechant von Überwasser und der Pfarrer von St. Lamberti besonders zur Prüfung in den theologischen Fächern hinzugezogen werden. Bei dieser Schlußprüfung sollte der Katechismus des Johannes Gropper zugrunde gelegt werden. Gropper, ein Kölner Reformtheologe, hatte sich schon auf der Kölner Provinzial-Synode von 1536 für eine Lebensreform des Regular- und Sekular-Klerus eingesetzt. Er verfaßte 1547 einen Katechismus, der in der ganzen Kirchenprovinz Verbreitung fand.

Die erste größere Visitation des Bistums Münster erfolgte 1570/71. Sie war der erste größere Versuch zur Durchführung der Tridentinischen Reformbeschlüsse in der Diözese Münster während der Regierungszeit des

Fürstbischofs Johann von Hoya (1566–74). Die Visitation zeigte die meist nicht erfreulichen Verhältnisse in den einzelnen Gemeinden des Bistums. Von besonderer Bedeutung sind die Ergebnisse dieser Visitation bezüglich des Schulwesens. Die Kollegiatskirchen hatten eigentlich dafür zu sorgen, daß eine Anzahl von Jungen in entsprechenden Schulen eine Ausbildung erhalten, die der des Tridentinischen Seminars vergleichbar ist. Doch die Durchführung dieser Beschlüsse scheiterte an der Bereitwilligkeit, die finanziellen Grundlagen dafür zu schaffen. Erst durch die Stiftung des Weihbischofs Johannes Kridt 1581 war die Möglichkeit dazu gegeben. Je 6 Studenten sollten 4 Jahre an der münsterschen Domschule und 7 bis 8 Jahre am Laurentianum in Köln studieren. Die Stipendiaten mußten ihr Studium mit dem Grad des Magister artium oder dem Lizentiat in der Theologie oder im Kirchenrecht abschließen, um als Seelsorger oder als Lehrer von jungen Theologen tätig sein zu können. Ein zweiter eifriger Förderer des theologischen Nachwuchses war der reformeifrige Domdechant Gottfried von Raesfeld, der darauf drängte, die Leitung der Domschule den Jesuiten zu übertragen. Alle seine Bemühungen scheiterten zu Lebzeiten am Domkapitel und an den Stadtvätern. In seinem Testament bestimmte er, daß sein Vermögen nach seinem Tode für die Gründung eines Jesuitenkollegs verwendet werden sollte. So kamen 1588 die ersten Jesuiten nach Münster. Die Patres waren gehalten, den Gymnasialunterricht zu übernehmen und außerdem den geistlichen und heranwachsenden Schülern, die den Beruf als Priester anstrebten, theologischen Unterricht zu geben.

Trotz dieser verheißungsvollen Anfänge sollte es erst im 19. Jahrhundert zum Ausbau der Akademie zu dem nach Karl Borromäus benannten Priesterseminar kommen. Durch die politischen Umwälzungen und die Unterstellung der westfälischen Gebiete unter die preußische Herrschaft war das Bistum Münster ohne residierenden Bischof. Seine Aufgaben nahm Weihbischof Kaspar Maximilian von Droste-Vischering wahr, der dieses Amt von 1795–1826 innehatte. Danach war er in Münster von 1826–1846 residierender Bischof. Die bestehende Akademie erhielt 1832 neue Statuten, deren Hauptinhalt die ›wissenschaftliche und religiös-sittliche Ausbildung von Jünglingen war, welche sich dem geistlichen Stande in der katholischen Kirche in unserem Lande widmen wollen‹, so daß, trotz staatlicher Schwierigkeiten, die Diözese nicht ohne priesterlichen Nachwuchs war. Dies änderte sich anläßlich der Feier des 50jährigen Priesterjubiläums. Der münsterländische Klerus und das gläubige Volk des Bistums sammelten Gelder, um ein Knabenseminar einzurichten. Dieses konnte 1849 eröffnet werden und wurde nach dem ersten münsterschen Bischof ›Collegium Ludgerianum‹ genannt. Die ersten sieben Alumnen dieses Kollegs legten im Herbst 1853 das Abitur ab. Von diesen wurden sechs geweiht. Im Jahre 1856 erhielt das Seminar seine Statuten, von denen nachstehend einige Abschnitte abgedruckt sind. Sie sind im Geiste der Beschlüsse des Trienter

Konzils und der Seminarordnungen verfaßt, die Karl Borromäus für die von ihm begründeten Kollegs erlassen hat.[52]

»Vor allem sollen die Zöglinge es sich angelegen sein lassen, durch christlich frommen Wandel ihrem hohen Berufe zu entsprechen, den guten Ruf des Hauses zu fördern und dadurch sich dankbar erweisen für das große Glück, in einer solchen Anstalt zu leben.

Die Zöglinge sind verpflichtet, die akademischen Gesetze in jeder Hinsicht zu befolgen durch unausgesetzten Besuch der Vorlesungen, durch Ordnung und wissenschaftliche Strebsamkeit den übrigen Akademikern voranzugehen.

An den wissenschaftlichen und praktischen Übungen, welche im Collegium selbst stattfinden, als Gesangs-Unterricht, Predigt, Katechese, Disputation, Rubriken haben die Zöglinge sich rege zu beteiligen.

Die Predigt ist am 3. Tage vor ihrer Abhaltung dem Direktor zur Durchsicht vorzulegen. Die Teilnahme an Predigt- und sonstigen nicht von der Akademie geleiteten wissenschaftlichen Vereinen ist untersagt.

Der Direktor wird beim Eintritt der Zöglinge in das Priesterseminar ein spezielles Zeugnis über die Leistungen in Predigt, Katechese und sonstigen Übungen an den Seminarvorstand ausstellen.

Vorzügliche Sorgfalt sollen die Zöglinge auf die moralische und aszetische Vorbereitung zum geistlichen Stand verwenden und gewissenhaft alle Mittel benutzen, welche ihnen zu dem Ende in der Anstalt dargeboten werden, vor allem die tägliche Betrachtung.

Jeder Zögling ist verpflichtet, die Vulgata und den Thomas a Kempis ›De imitatione Christi‹ in lateinischer Sprache auf seinem Pult zu haben. Die tägliche Lesung aus der Hl. Schrift wird von einem Zögling gehalten. Bei der Mittags- und Abendtafel wird vom jedesmaligen Hebdomadar vorgelesen aus einem belehrenden oder erbauenden Buch nach Anweisung des Direktors. Colloquium findet nur statt mit ausdrücklicher Genehmigung des letzteren. Andere Lektüre bei Tisch mitzunehmen ist untersagt. Jeder Zögling ist verpflichtet, wenigstens einmal in jedem Monat die heiligen Sakramente der Buße und des Altares zu empfangen.

Die Kleidung ist die geistliche, und zwar tragen die Zöglinge an Wochentagen den Talar, Zingulum und Collar, lange schwarze Beinkleider. An den Sonn- und Feiertagen sowie bei festlichen Gelegenheiten, werden statt der langen Beinkleider kurze mit schwarzen Strümpfen getragen. Die Sachen des Hauses, welche den Zöglingen in Gebrauch gegeben sind, haben sie mit gewissenhafter Schonung nur zu dem bestimmten Zwecke anzuwenden. Sie sind als milde Gabe der Gläubigen, als kirchliches Eigentum heilig zu halten. Wer sie mutwillig vergeudet oder durch verschuldete Unvorsichtigkeit und Nachlässigkeit beschädigt, ist im Gewissen verpflichtet sie zu ersetzen.«

Adam Wienand

Andachtsbildchen des hl. Karl Borromäus

Der Borromäusverein
und seine Geschichte

Der Verein vom hl. Karl Borromäus, eine der Spätwirkungen des heiligen Mailänder Kardinals, wurde erst 260 Jahre nach dessen Tod gegründet, ist damit aber zugleich der älteste noch lebendige katholische Verein in Deutschland. Er entstand in einer für die Katholiken des Rheinlandes turbulenten Zeit, deren geschichtliche Situation kurz umrissen werden soll.

Nachdem im Wiener Kongreß die spätere Rheinprovinz zu Preußen geschlagen worden war, begannen schon bald Spannungen zwischen der auf Staatskirchentum ausgerichteten preußischen Regierung und dem katholischen Episkopat aufzutreten. Das zeigte sich schon 1821 bei der Ernennung des Münsteraner Domdechanten Ferdinand August Graf Spiegel zum Erzbischof von Köln durch den preußischen König. Graf Spiegel lehnte zunächst ab und wollte sich später nur dann zur Annahme bewegen lassen, wenn man ihm eine von jeder staatlichen Bevormundung freie Ausübung seines geistlichen Amtes zusicherte. Erst 1824 wurde ein Kompromiß geschlossen, dem sich Graf Spiegel beugte, aber das Staatskirchentum blieb erhalten und damit auch der Konfliktstoff.

Als 1835 der gleichfalls aus Münster kommende Weihbischof Clemens August Droste zu Vischering dem verstorbenen Graf Spiegel im Amt folgte, entzündete sich erneut die Auseinandersetzung zwischen dem Erzbischof von Köln und der preußischen Staatsregierung. Anlaß waren diesmal die konfessionsverschiedenen Ehen, bei denen nach preußischer Bestimmung die Väter über die Konfessionszugehörigkeit der Kinder zu entscheiden hatten. Diese Regelung wirkte sich bei dem ständigen Zuzug junger, unverheirateter preußischer Beamter ins Rheinland zuungunsten des katholischen Teils aus. Als der Erzbischof sich gegen diese Praxis wandte und auch eine staatliche, dem Einfluß der Kirche entzogene Priesterausbildung ablehnte, wurde er am 20. November 1837 verhaftet und auf die Festung Minden gebracht.

Dieser in die Geschichte als ›Kölner Ereignis‹ eingegangene Vorgang fand sehr rasch ein starkes Echo in der Öffentlichkeit. Schon im Januar des folgenden Jahres veröffentlichte Joseph Görres in München seinen ›Athanasius‹, in dem er das preußische Vorgehen als eine Gefährdung »der feierlich gewährten Religionsfreiheit und der zugesagten politischen und bürgerlichen Gleichheit der Konfessionen«[53] geißelte. Eben dieser Vorgang war es auch, der den damaligen Regierungsreferendar und späteren Bischof von Mainz, den Sozialreformer Wilhelm Emanuel von Ketteler veranlaßte, seine Stellung zu verlassen und als Priester in der Kirche zu wirken.

Erst nachdem 1840 König Friedrich Wilhelm IV. den Thron bestiegen und Zusicherung zum Abbau des preußischen Staatskirchentums gegeben hatte, fanden die ›Kölner Wirren‹ 1841 ein Ende. Clemens August blieb zwar nominell Erzbischof, doch wurde ihm als Koadjutor der Speyrer Bischof Johann von Geissel beigegeben, dem die Verwaltung der Erzdiözese übertragen wurde.

All diese Ereignisse, so unerfreulich sie zunächst waren, rüttelten die Katholiken des Rheinlands (und auch anderswo) auf und führten zu mannigfachen Aktivitäten, die alle auf ihre Weise darauf gerichtet waren, das Selbstbewußtsein der katholischen Bevölkerung zu stärken und das kirchliche Leben zu erneuern.

Seit der Mitte der vierziger Jahre und noch vermehrt nach der 1848 gewährten Versammlungs- und Vereinsfreiheit in allen deutschen Ländern kam es zur Gründung einer Fülle von Genossenschaften und Vereinen, teils mit caritativen oder sozialen, teils auch mit religiös-kulturellen Zielsetzungen: 1845 etwa die zuvor schon in Paris im caritativen Sinn arbeitenden Vinzenzkonferenzen, 1848 der Bonifatiusverein und im gleichen Jahr der für religiöse Freiheit eintretende Piusverein, der in seiner Konzeption als Zentralorganisation viele Bestrebungen unter seinem Dach vereinigte und aus dessen Generalversammlungen die deutschen Katholikentage hervorgingen. 1849 wurde nach schon früher begonnenen lokalen Anfängen in Köln der katholische Gesellenverein Adolf Kolpings auf breiter Basis geschaf-

Hermann Herz (1874–1946)　　　　　　Freiherr Max von Loë (1801–1850)

fen, Anfang der 50er Jahre nach längerer Vorbereitungsphase der Christliche Kunstverein in Deutschland.

In dieser Reihe steht der 1844 gegründete Borromäusverein mit an erster Stelle. Schon die Entstehung dieses Vereins zeigt, mit welchem Engagement sich vor allem Laien für die Erneuerung des kirchlichen Lebens in dieser bewegten Zeit des Vormärz einsetzten. Einer der Führer der katholischen Bewegung in den Rheinlanden, der Landrat des Siegkreises Freiherr Max von Loë, hatte schon 1843 den Plan gefaßt, einen großen Verein zur Förderung des katholischen Lebens zu schaffen, der sich u. a. dafür einsetzen sollte, Barmherzige Schwestern vom hl. Karl Borromäus aus Nancy zur Krankenpflege ins Rheinland zu holen, wie dies schon früher in Koblenz mit großem Erfolg geschehen war.

Um sich eines Juristen zu versichern, trat der Landrat mit dem Appellationsgerichtsrat August Reichensperger in Köln in Verbindung und lud ihn dann neben noch anderen Teilnehmern zu einem Vorgespräch ein, das im Hause des Bonner Theologieprofessors Franz Xaver Dieringer stattfinden sollte. Als Reichensperger zu dieser Versammlung kam, stand er noch unter dem Eindruck eines Gesprächs, das er kurz zuvor auf einem Spaziergang mit seinem Freund Albert von Thimus in Koblenz geführt hatte. Es war dabei vor allem über die Situation von Presse und Literatur im Lande gesprochen worden und von der Notwendigkeit, auch auf diesem Gebiet apostolisch zu wirken.

Nachdem Freiherr von Loë seinen Plan erläutert hatte, meldete sich Reichensperger zu Wort und brachte nicht nur seine Ideen ins Gespräch, sondern legte auch gleich den Entwurf eines Vereinsstatuts vor. Nach einer recht lebhaften Debatte wurde der Loë'sche Plan zurückgestellt und Reichenspergers Konzept angenommen.

Man muß sich vor Augen halten, daß dies keine Versammlung betagter Honoratioren war. Mit 43 Jahren war Freiherr von Loë schon fast der Senior unter den maßgeblichen Teilnehmern, Reichensperger stand im 36., Dieringer im 33. Lebensjahr, und alle waren Männer, die aktiv im politischen oder akademischen Leben tätig waren. So werden sie wohl auch gewußt haben, daß es schon mehrfach Ansätze zu einer solchen Vereinigung gegeben hatte, etwa die Bemühungen der elsässischen Geistlichen Andreas Raess und Nikolaus Weis in den 20er Jahren des 19. Jahrhunderts um die Verbreitung katholischen Schrifttums, die den jungen Theologen Ignaz Döllinger veranlaßt hatten, sich für die Schaffung einer ›katholischen Gesellschaft zur Verbreitung guter Bücher‹ einzusetzen. Bekannt waren auch die gescheiterten Versuche, solche Gesellschaften in Belgien und den Niederlanden zu schaffen, und der 1830 in Wien von der Mechitaristenkongregation begründete ›Verein zur Verbreitung guter katholischer Bücher‹.

All das mag Reichensperger geholfen haben, sich mit seiner Idee durchzusetzen, und es ist schon beeindruckend, mit welcher Bereitwilligkeit sich Freiher von Loë diesem Entschluß nicht nur fügte, sondern sich dieses neue Konzept sogleich zueigen machte und den Vorsitz des Vereins übernahm. In dieser Sitzung wurde auch der Name dieser neuen Organisation beschlossen: Verein vom hl. Karl Borromäus. Vielleicht geschah dies, um dem ersten Initiator entgegenzukommen, dem es ja zunächst um die Förderung des Ordens der Borromäerinnen gegangen war. Aber der Name, wie auch immer er zustande gekommen sein mag, kann sicher auch als ein Programm angesehen werden und wurde wohl damals auch schon so verstanden: War doch Karl Borromäus jener Kirchenfürst, der sich als erster mit vollem Engagement für die Reform der Kirche nach dem Trienter Konzil eingesetzt und dabei neben vielen anderen Vorhaben eine breite religiöse Bildungsarbeit auch unter den Laien in die Wege geleitet hatte. So stellt auch Dieringer im Vorwort seiner Biographie des Heiligen, die 1846 als erste Vereinsgabe erschien, Karl Borromäus ausdrücklich als Leitfigur für die anstehende kirchliche Erneuerung dieser Jahre vor.[54]

Die erste Satzung, die weitgehend Reichenspergers Entwurf folgte und im März 1845 ihre landesherrliche Bestätigung erhielt, definiert die Zielsetzung des Vereins dementsprechend noch sehr umfassend: »Der Zweck des Vereins ist die Belebung christlicher Gesinnung und Anregung zu einer derselben entsprechenden Werkthätigkeit.«[55] Erst in § 3 heißt es dann weiter: »Als das nächste Ziel stellt sich der Verein die Aufgabe, dem verderblichen Einflusse, den die schlechte Literatur auf alle Klassen der bürgerlichen Gesellschaft ausübt, durch die Begünstigung und Verbreitung guter Schriften entgegen zu wirken.«[56]

Praktisch sollte dieses Vorhaben des Vereins, gemäß § 4, auf zweierlei Weise verwirklicht werden, und zwar »1. dadurch, daß er jährlich oder halbjährlich allen, die sich an dem Unternehmen betheiligen, nach Maßgabe ihres Beitrags und der Vereinsmittel, eine oder mehrere Schriften als Vereinsgabe unentgeltlich zugehen läßt, und 2. dadurch, daß er dieser Vereinsgabe ein Verzeichniß seinem Zwecke entsprechender Schriften beifügt, deren Anschaffung oder Benutzung er jedem Betheiligten durch Erwirkung möglichst niedriger Preise zu erleichtern sich bemühen wird«.[57] Diese Praxis ähnelte also von vornherein jener einer Buchgemeinschaft, wenn auch in dem Sinn, daß diese zugleich eine Interessengemeinschaft von Menschen bildete, denen es darum ging, das christliche Bewußtsein im Lande zu stärken und zu fördern. Der Verein wurde von Anfang an der obersten Leitung der Bischöfe unterstellt, und im Jahre 1900 wurde der Erzbischof von Köln, in dessen Erzdiözese der Verein seinen Sitz hat, ausdrücklich als dessen Protektor benannt,[58] eine Funktion, die er schon seit 1848 praktisch ausübte.[59]

Die Zahl von Ortsvereinen und Mitgliedern stieg derart rasch an, daß man sich in der Vorstandssitzung vom 12. Mai 1846 in der angenehmen Lage sah, darüber zu beschließen, was mit den aus der Buchvermittlung gewonnenen überschüssigen Mitteln geschehen solle. Es standen verschiedene Pläne zur Debatte, beispielsweise die Gründung einer katholischen Tageszeitung, doch es setzte sich schließlich der Vorschlag durch, diese Mittel einzusetzen »zur Begründung von Vereinsbibliotheken, deren Benutzung den Mitgliedern und Theilnehmern zusteht«.[60] Damit hatte die Geburtsstunde einer organisierten katholischen Büchereiarbeit geschlagen, auch wenn es sich damals noch nicht um voll öffentlich zugängliche Büchereien handelte.

Wie rasch sich der Verein in den folgenden Jahren entwickelte, zeigen am besten einige Zahlen:

1845/46	96 Ortsvereine mit	9461 Mitgliedern und Teilnehmern
1850	264 Ortsvereine mit	12356 Mitgliedern und Teilnehmern
1854	483 Ortsvereine mit	22417 Mitgliedern und Teilnehmern
1859	898 Ortsvereine mit	38924 Mitgliedern und Teilnehmern
1868	1370 Ortsvereine mit	51206 Mitgliedern und Teilnehmern

Im Jahr 1866 arbeitete der Verein bereits in 35 Diözesen des Reiches und des deutschsprachigen Auslands.[61]

Leider liegen über die Entwicklung der Büchereien für diese Zeit keine so detaillierten Daten vor – sie standen offenbar in der alleinigen Verantwortung der Ortsvereine und brauchten damals noch keine statistischen Berichte abzuliefern–, sie scheinen jedoch mit der Entwicklung des Vereins Schritt gehalten zu haben. Aus dem Jahre 1861 ist ein Bericht erhalten (Vorstandssitzung vom 16. 10. 1861),[62] dem zu entnehmen ist, »daß aus den diesjährigen Überschüssen den bestehenden 989 Vereinsbibliotheken über 20000 Bände zu ihrer Vermehrung nach eigener Wahl« zugeteilt worden seien.

Wenn man die Zahl der im Jahr 1862 bestehenden 1031 Ortsvereine zum Vergleich heranzieht (für 1861 liegen keine Angaben vor), so kann man schließen, daß nahezu jeder Ortsverein auch eine Bücherei geführt haben muß. Dies geht auch daraus hervor, daß 1866 von 1324 bestehenden Ortsvereinen 1316 eine Zuwendung für ihre Bücherei erhielten.[63] In der Zeit von 1846 bis 1881 wurden immerhin 1 200 000 Mark für den Ausbau dieser Büchereien allein aus Mitteln des Vereins aufgewendet.[64] Die Büchereiarbeit gewann also schon in dieser frühen Phase der Vereinsgeschichte in etwa die gleiche Bedeutung wie der Ausbau christlicher Hausbüchereien durch die Vermittlung von preiswerten Büchern zum Eigenbesitz.

Die Verbindung dieser beiden Ziele ist für den Borromäusverein bis heute charakteristisch geblieben. Der Generalsekretär des Vereins Dr. Albert Rumpf betont dies in seiner 1927 erschienenen Darstellung des Borromäusvereins mit den Worten: »Darin ist der Borromäusverein ohne Vergleich, daß er die beiden Zwecke, nämlich die Förderung von Haus- und Volksbüchereien, so in einen Kausalnexus verbindet, daß die Erreichung des einen Zweckes die Erreichung des anderen Zweckes zwangsläufig in sich schließt.«[65]

Mit dem Beginn des Kulturkampfes im Jahre 1871 kam es nach dieser ersten Phase der Expansion der Vereinsentwicklung zunächst zu einem Stillstand und im Gefolge dieser Zeitströmung sogar zu einem Rückgang, der sich an der Statistik ablesen läßt. 1870 war der bisherige Höchststand von 1471 Ortsvereinen mit 54013 Mitgliedern und Teilnehmern erreicht worden, der nach einigen Schwankungen zwar in den Jahren 1873–75 noch leicht überschritten wurde, dann aber bis zum Jahr 1881 auf 1266 Ortsvereine mit 37 105 Mitgliedern und Teilnehmern absank. Alles in allem jedoch hätte es nach den seit 1871 vom preußischen Staat erlassenen Gesetzen und Maßnahmen schlimmer kommen können: Aufhebung der katholischen Abteilung des Kultusministeriums, Kanzelparagraph, Schulaufsichtsgesetz, Aufhebung von katholischen Orden und Absetzung von Bischöfen, z. B. des Erzbischof von Köln, Paulus Melchers.

Dieringer, durch seine Stellungnahme zum I. Vatikanischen Konzil in schwere Konflikte gestürzt, trat 1871 als Vorsitzender zurück, und ihm folgte im Präsidium der Bonner Dechant Heinrich Lammertz, dem es gelang, den Verein mit Klugheit und abwartender Vorsicht durch diese kritische Phase zu steuern. Gefährlich wurde es erst 1875, als es zu einer Gerichtsverhandlung mit dem Ziel der Liquidierung des Vereins kam und zwar

Das alte Haus der Zentralstelle des Borromäusvereins am Bonner Münsterplatz

Das 1913 erbaute neue Haus des Borromäusvereins am Wittelsbacherring

wegen Verstoßes gegen das preußische Vereinsgesetz und wegen der Verbreitung polizeilich verbotener Schriften. Doch diese Anklage ließ sich vor Gericht entkräften und wurde abgewiesen.

Obwohl die Aufwärtsentwicklung des Vereins in den achtziger Jahren wieder einsetzte und zum 50jährigen Jubiläum im Jahre 1895 den Stand von 1709 Ortsvereinen mit 61 310 Mitgliedern und Teilnehmern erreichte, blieben die Nachwirkungen der antikatholischen Tendenz des Kulturkampfes doch spürbar. Zahlen allein sind eben doch nicht der einzige Gradmesser für kulturelle Arbeit. Man hatte zwar noch während der Krise 1876/77 eine vermehrte Aufnahme von wissenschaftlichen Werken und Schriften nichtkatholischer Verfasser in das Buchangebot des Vereins beschlossen – vielleicht auch, um eine gewisse Bereitschaft zur Öffnung nach außen zu bekunden –, aber insgesamt geriet der Katholizismus in den preußischen Rheinlanden zunehmend in eine Ghetto-Situation, die sich im literarischen Programm des Vereins deutlich abzeichnet: Neben traditioneller religiöser Erbauungsliteratur und theologischen Schriften findet sich ein belletristisches Angebot, das kaum Titel von einigem literarischen Rang nennt. Bemerkenswert ist jedoch, daß eben in dieser Zeit der Krise die Vereinsidee an anderen Orten aufgegriffen wird: 1875 wird z. B. der ›Salzburger katholische Bücherverein‹ gegründet, der ganz offensichtlich nach dem Vorbild des Borromäusvereins konzipiert war, und 1901 der katholische Presseverein für Bayern, der von Anfang an auch Volksbüchereien einrichtete und seit 1934 als St. Michaelsbund katholische Buch- und Büchereiarbeit im Lande Bayern betreibt und fördert.

Das 50jährige Jubiläum des Borromäusvereins im Jahre 1895 gestaltete sich eher zu einer Rückschau, als daß neue, programmatische Impulse gesetzt worden wären. Der greise Vereinsmitbegründer Reichensperger – noch immer aktiv in der Vereinsarbeit stehend – lieferte einen Beitrag zur Festschrift, in dem er viele Erinnerungen an die vergangene Epoche festhielt, aber Neuerungen zeigten sich erst in den nachfolgenden Jahren.

Eine neue Phase der Entwicklung beginnt um die Jahrhundertwende, und zwar in mehrfacher Hinsicht. In den ab 1900 erscheinenden ›Borromäus-Blättern‹ wendet sich der Herausgeber Dr. August Esser zum ersten Mal einer ernsthaften literarischen Arbeit zu, die neben den dominierenden Artikeln zur Vereins- und Büchereiarbeit in Form von Aufsätzen Eingang in die Zeitschrift findet. Esser scheint damit beim Vorstand auf wenig Gegenliebe gestoßen zu sein, was er in seinem Abschiedswort (Nr. 17 vom Mai 1903) sehr deutlich ausspricht. Er schreibt dort: »Von einigem positiven Erfolg, wenn er auch erst in der Ferne wirkt, waren die Bemühungen begleitet, bessere Literaturkenntnis im Verein zu verbreiten. Die Klagen darüber, daß man unter den vielen Büchern im Vereinskatalog das Wertvolle vom Minderwertigen nicht unterscheiden könne, daß der Borromäusverein nichts tue, um seinen Angehörigen ein Urteil über die Bücher zu ermöglichen, sind nicht neu. Der Redakteur der Vereinszeitschrift hat sich oft genug gefragt, wie wohl die Änderung des Übelstandes bewirkt werden könne; er ist immer wieder auf dieselbe Antwort zurückgekommen: nur durch systematische Arbeit einer eigens mit der Arbeit betrauten Kommission[66].«

Essers Nachfolger Hermann Herz, der die Zeitschrift ab Oktober 1903 herausgab, blieb es vorbehalten, diese Vorstellungen in die Tat umzusetzen, und unter seiner Leitung wurden die ›Borromäus-Blätter‹ von Anfang an zu einem Organ mit literarkritischem Schwerpunkt. Das drückte sich bald auch in einem Wechsel des Titels aus: ab 1906 bis zu ihrer Einstellung 1933 erschien die Zeitschrift unter dem Namen ›Bücherwelt‹ und enthielt in erster Linie Artikel über Autoren, literarische Strömungen sowie Sammel- und Einzelrezensionen. Die ersten Hefte der Zeitschrift ›Hochland‹ wurden in den ›Borromäus-Blättern‹ ebenso gewürdigt wie Salzers Literaturgeschichte oder die epochale Schrift Heinrich Wolgasts ›Das Elend unserer Jugendliteratur‹. Daneben versuchte Hermann Herz den Horizont seiner Leser zu erweitern durch Fortsetzungsartikel über deutsche Klassiker und einen »Geschichtlichen Überblick über die Entwicklung der Volksbibliotheken und Lesehallen«.

Ein zweiter Anstoß kam von behördlicher Seite: Durch die Einführung des Bürgerlichen Gesetzbuches im Jahre 1900 war eine Neufassung der Satzung des Vereins notwendig geworden, die nun als den Zweck des Vereins von vornherein in § 1 die Bucharbeit herausstellte: »Der Zweck des unter dem Namen ›Verein vom hl. Karl Borromäus‹ mit dem Sitze in Bonn gebildeten Vereins ist die Begünstigung, Förderung und Verbreitung guter Schriften erbauenden, belehrenden und unterhaltenden Inhalts«.[67] In der zugehörigen Geschäftsordnung wird ebenfalls in § 1 festgelegt, daß der Verein in Verfolgung seines Ziels »Arbeiter- und Volksbibliotheken sowie Bibliotheken von Asylen, Krankenanstalten und anderen Einrichtungen, welche charitativen oder socialen Zwecken dienen, unterstützt«[68] und in § 25 heißt es dann weiter: »Die Hilfsvereine [= Ortsvereine] haben das Recht, ihre Vereinsbibliothek auch Nichtangehörigen des Vereins gratis oder gegen ein kleines Entgelt zugänglich zu machen.«[69]

Diese Praxis war, wie Schnütgen 1924 rückblickend schreibt,[70] schon bisher vielerorts gebräuchlich und wurde nun in der neuen Geschäftsordnung lediglich zum Grundsatz erhoben. Damit waren die Büchereien des Borromäusvereins zu allgemein zugänglichen Volksbüchereien geworden. Sicher geschah dies nicht zuletzt auch im Hinblick auf die mittlerweile fühlbar gewordene Konkurrenzsituation zu Volksbüchereien und Lesehallen anderer Träger, aber man hatte auch aus deren Praxis gelernt, und es entsprach jedenfalls der Forderung der Zeit nach allgemeiner Volksbildung. Dieser Schritt – wie auch die Bemühung um kritische Auseinandersetzung mit der Literatur – führte zu einer Intensivierung und fachlichen Vertiefung der Ar-

Pfarrbücherei aus der Zeit des Wiederaufbaus nach dem zweiten Weltkrieg

Katholische öffentliche Bücherei von heute

beit. Deren Ergebnisse waren etwa eine von August Esser um diese Zeit entworfene Anleitung zur Büchereiverwaltung wie auch die seit 1906 wiederholt neu aufgelegten ›Musterkataloge‹ von Hermann Herz, die umfassende Bestandslisten für katholische Volksbüchereien darstellten und seit 1918 unter dem Titel ›Literarischer Ratgeber des Borromäusvereins‹ erschienen.

Seit 1911 wurden auf Initiative des 1909 in die Zentrale eingetretenen Vereinssekretärs und späteren Direktors Johannes Braun Schulungskurse für Büchereileiter und deren Mitarbeiter abgehalten, die seither mit wenigen Unterbrechungen jährlich bis zur Gegenwart fortgeführt werden. Albert Rumpf, seit 1911 Mitarbeiter des Vereins, baute die zwei Jahre zuvor erstmals beginnenden statistischen Erhebungen über die Ergebnisse der Büchereiarbeit weiter zur Erfassung exakter Daten aus und veröffentlichte 1926 (und 1928 in einer stark erweiterten Neuauflage) eine für den damaligen Stand der Leseforschung bemerkenswerte Schrift ›Kind und Buch‹, in der aufgrund empirisch erhobenen Materials die Leseneigungen von Kindern und Jugendlichen zwischen 9 und 16 Jahren methodisch untersucht werden.

1913 wurde das alte Haus der Zentralstelle am Bonner Münsterplatz wegen Raumnot aufgegeben und ein stattliches neues Gebäude am Wittelsbacherring gebaut. 1918 wurde hier – wohl im Hinblick auf die große Zahl der Kriegsblinden – eine Blindenbibliothek eingerichtet, die heute, zusätzlich ausgebaut als Hörbücherei mit eigenem Aufnahmestudio, viele Blinde mit Lektüre versorgt.

1921 eröffnete der Verein eine Bibliothekarsschule, an der Bibliothekare auf die Diplomprüfung für den mittleren Dienst an wissenschaftlichen Bibliotheken und für den Dienst an Volksbibliotheken nach dem preußischen Ministerialerlaß von 1916 vorbereitet wurden. Sie besteht noch heute – als älteste der bibliothekarischen Ausbildungsstätten im Bundesgebiet – in der Trägerschaft des Borromäusvereins, seit 1984 als Fachhochschule für das öffentliche Bibliothekswesen Bonn.

Von 1925 an gab die Buchberatungs- und -beschaffungsstelle des Vereins in freier Folge unter dem Titel ›Das Neue Buch‹ Listen mit Kurzbesprechungen büchereigeeigneter Werke heraus. Unter dem gleichen Titel erscheint noch heute die buchkritische Zeitschrift für die katholische öffentliche Bücherarbeit, seit 1955 in gezählten Jahrgängen, seit 1974 vereinigt mit dem gleichgearteten Organ ›Buchprofile‹ des St. Michaelsbundes in München und von Mitarbeitern beider Verbände redigiert.

Gleichfalls 1925 wurde dann auch noch die Bonner Buchgemeinde gegründet als Alternative zu anderen, neu erstandenen Buchgemeinschaften eher liberaler Prägung. Sie wurde 1952 von einem Konsortium katholischer Verleger übernommen und von Dr. Knut Erichson zu einer Buchgemeinde mit originellem, christlich profiliertem Programm ausgebaut. Seit Ende 1983 wird sie vom Hause Herder weitergeführt.

1928 richtete der Verein in der Zentralstelle eine Fernleihbibliothek ein, die den Büchereien zur Vermittlung spezieller oder kostspieliger Literatur zur Verfügung steht. Mit ca. 60000 Bänden ist die heutige Zentralbibliothek ein wichtiges Instrument des Leihverkehrs im Bereich der katholischen öffentlichen Büchereiarbeit und darüber hinaus, zugleich Studien- und Handbibliothek der bibliothekarischen Fachhochschule und der Zentralstelle.

Alles in allem waren die ersten drei Jahrzehnte des neuen Jahrhunderts für den Verein eine Zeit mannigfacher Aktivitäten und vor allem der systematischen Vertiefung in allen Sektoren seiner Tätigkeit. Damit wuchs auch ständig seine Breitenwirkung, wie ein Blick auf die Statistik zeigt, in der nun auch die Büchereiarbeit erfaßt ist:

Jahr	Ortsvereine	Mitglieder	Büchereien	Bände	Ausleihen
1909	3676	181587	2132	1179322	2480968
1919	4096	350156	2453	1817690	7348307
1925	4297	216572	3327	2687118	6770156
1933	5021	187865	5333	4758439	10371586

Trotz steigender Zahl von Vereinen, nahmen in den beiden letztgenannten Jahren zwar die Mitglieder ab – vor allem wohl eine Folge der Wirtschaftskrise –, die Ergebnisse der Büchereiarbeit erreichten hingegen zu Beginn der dreißiger Jahre eine beachtliche Höhe.

Inzwischen hatte der Verein seit 1922 seine Tätigkeit auch auf Österreich ausgeweitet, wo von Salzburg aus unter dem Präses Prälat Dr. Fiala ein Landesverband der Borromäusvereine Österreichs gegründet wurde. An dessen Tradition knüpfte in der Zeit nach dem Zweiten Weltkrieg das Österreichische Borromäuswerk an, das nunmehr als selbständige Organisation der Förderung des katholischen Büchereiwesens im Lande dient.

Nach der Machtergreifung Hitlers am 30. Januar 1933 kam es dann bald zu scharfen Einschränkungen der Aktivitäten des Vereins, zumal nach dem Reichskulturkammergesetz vom 22. 9. 33, durch dessen Bestimmungen das gesamte Kulturleben in Deutschland ›gleichgeschaltet‹ und unter Kontrolle gebracht wurde.[71] Dem Borromäusverein wurde der Öffentlichkeitscharakter aberkannt, was zur Folge hatte, daß in den Büchereien nur noch an Vereinsmitglieder Bücher ausgeliehen werden durften. Alle Titel aus den Büchereibeständen, die nicht religiösen Inhalts waren, mußten an die für die jeweilige Region zuständige staatliche Büchereistelle gemeldet wer-

Borromäus-Bücherei der Jahrhundertwende

Verzeichniß

der von dem

Verein vom h. Karl Borromäus

empfohlenen Bücher

für das Jahr 1885.

─── Bestelltermine sind: ───
31. Januar, 31. Mai, 31. Juli und 31. October.

Das Nähere über die Bestellungsweise ist aus den „Bemerkungen" auf den Innen-Seiten
des Umschlages zu ersehen.
Vergleiche auch die „Erläuterungen" auf der Rückseite dieses Titels.

Köln 1884.
Druck und Commissions-Verlag von J. P. Bachem.
1944

Angebotslisten für Mitglieder des Borromäusvereins

den; das Erscheinen der ›Bücherwelt‹ wurde mit Ende dieses Jahres eingestellt und der Bibliothekarschule die staatliche Anerkennung entzogen.

Als auch der als ›politisch belastet‹ geltende (weil der Zentrumspartei verbundene) Vorstand zurücktrat, wurden Kardinal Schulte von Köln zum ersten Vorsitzenden und der Kölner Weihbischof Stockums zu seinem Stellvertreter gewählt.[72] Der Verein sucht Schutz unter dem Schirm des Episkopats. Dies hatte immerhin den Erfolg, daß Weihbischof Stockums zusammen mit dem damaligen Direktor des Vereins, Johannes Braun, den Reichsminister Goebbels in einem Gespräch zu der Zusicherung bewegen konnte, daß die Arbeit des Vereins weitergeführt werden könne, eine Zusicherung, die allerdings nur sehr vorläufigen Wert hatte, wie die weiteren Ereignisse zeigen.

Die enge Bindung an den erzbischöflichen Stuhl von Köln wird auch in Formulierungen der neuen Satzung des Vereins von 1935 deutlich ausgesprochen. Wenn in diesem Text nur noch von katholischen Pfarrbüchereien und nicht mehr von Volksbüchereien gesprochen wird, so hat dies allerdings seinen Grund darin, daß diese allgemeinere Bezeichnung seitens der staatlichen Behörden für katholische Büchereien verboten worden war. Die Schikanen gingen noch weiter: 1939 wurde der Einkaufsstelle des Vereins vom Börsenverein für den deutschen Buchhandel die Rabattierung gekündigt und damit ein wirtschaftlicher Lebensnerv des Vereins abgeschnitten. Laut Erlaß vom 18. 4. 1940 mußten schließlich von den Behörden alle nichtreligiösen Bücher aus den Pfarrbüchereien entfernt und sichergestellt werden. Der Verein versuchte der drohenden Vernichtung dieser Bestände dadurch zu entgehen, daß er sie den an der Front stehenden Truppen anbot, doch das Reichsministerium für Wissenschaft, Kunst und Volksbildung warnte das Oberkommando der Wehrmacht ausdrücklich vor dieser ›gefährlichen Rührigkeit des Borromäusvereins‹.[73] Die daraufhin erfolgenden Beschlagnahmungen brachten vielerorts die Büchereiarbeit weitgehend zum Erliegen, wenn es auch andere Orte gab, in denen diese Bestimmung nicht so streng gehandhabt wurde. Durch solche Maßnahmen wie durch Kriegsschäden gingen bis 1945 insgesamt etwa 2,5 Millionen Bände verloren.[74]

Der noch 1944 ergangene Befehl des Reichssicherheitshauptamtes in Berlin an die Bonner Gestapo-Dienststelle, den Verein aufzulösen und dessen gesamtes Vermögen zu beschlagnahmen, kam allerdings nicht mehr zur Ausführung.[75]

Bei der Hundertjahrfeier, die am 24. Juni 1945 in sehr bescheidenem Rahmen veranstaltet wurde, befand sich der Verein in einer recht desolaten Situation: ein durch Kriegsschäden kaum benutzbares Haus, darniederliegende Vereinsarbeit, ausgeplünderte oder verbrannte Büchereien. Die im folgenden Jahr nachgereichte Gedenkschrift von August Franzen,[76] eine bescheidene Broschüre im Vergleich zur Festschrift von 1895, bietet denn auch eher einen wehmütigen Rückblick auf vergangene Zeiten als ein Signal zum Neuanfang.

In den ersten Nachkriegsjahren löste sich der Verein nur zögernd aus seiner Verteidigungshaltung. Der während des ›Dritten Reiches‹ entstandene Alleinanspruch des kommunalen Büchereiwesens schien auch weiterhin die Tendenz zu fördern, die Büchereien in kirchlicher Trägerschaft an den Rand zu drängen. Immerhin wurden viele Aktivitäten wieder aufgenommen: Ab 1946 fanden wieder Bibliothekarskurse statt, und im gleichen Jahr erschien auch wieder die Beratungszeitschrift ›Das Neue Buch‹, und die Militärregierung erteilte die Genehmigung zur Wiedereröffnung der Bibliothekarsschule.

Erst nach 1956 unter dem Präsidenten Prälat Dr. Hans Daniels und dem neuen Direktor Dr. Leo Koep bildete sich ein zukunftsweisendes Konzept heraus, das ab 1961 unter Koeps Nachfolger im Direktorat Dr. Franz Hermann weiterentwickelt wurde. Zugleich zeigte sich auch ein wachsendes Engagement für kirchliche Büchereiarbeit auf seiten der kirchlichen Hierarchie. So kommt es zum systematischen Ausbau von Büchereifachstellen auf diözesaner Ebene, denen die Büchereien des jeweiligen Bereichs unterstellt werden. Auf diese Weise gehen die Büchereien aus der Verfügung des Vereins in den Besitz der Kirchengemeinden über und werden zum überwiegenden Teil unmittelbar durch kirchliche Gelder erhalten und weiter ausgebaut.

In der neuen, noch heute gültigen Satzung von 1960[77] werden die damit sich ändernden Beziehungen zwischen dem Verein und seiner Zentralstelle einerseits und den Büchereien andererseits neu geregelt. Die seit 1963 bestehende Bundesarbeitsgemeinschaft der katholisch-kirchlichen Büchereiarbeit wird zum koordinierenden Organ auf diesem Sektor. Der Borromäusverein ist als Träger der zentralen Fach- und Beratungsstelle für die Bundesrepublik außer Bayern, wo der St. Michaelsbund eine vergleichbare Funktion erfüllt, in dieser Arbeitsgemeinschaft und ihren Ausschüssen vertreten und so eingebunden in die gemeinsamen Vorhaben etwa zur Aus- und Weiterbildung von Leitern und Mitarbeitern von Büchereien, zum Bestandsaufbau, zur Entwicklung fachgerechter Methoden und Hilfsmittel u. ä.

Zu einer lange schwebenden Streitfrage wurde der Öffentlichkeitscharakter der kirchlichen Büchereien. Erst auf einer gemeinsamen Tagung von leitenden Persönlichkeiten des kommunalen und des kirchlichen Büchereiwesens beider Konfessionen Juni 1964 in Tutzing kam es zu einer Verständigung und zur Verabschiedung einer Grundsatzerklärung, in der von beiden Seiten ausdrücklich der Wille zur Kooperation bekundet wurde. Seither setzte sich die Bezeichnung ›kirchliche bzw. katholische öffentliche Büchereien‹ gegenüber dem Begriff ›Pfarrbüchereien‹ durch.

Der Borromäusverein selbst betreibt neben seinem Engagement für die katholische öffentliche Büchereiarbeit auch heute weiterhin seine Tätigkeit zur Förderung christlicher Hausbüchereien, die nach wie vor ihre Stützpunkte in den Büchereien seines Arbeitsgebietes besitzt. Aufgrund der vermittelten Vereinsgaben fließen jährlich beträchtliche Beträge in Form von Büchern nach eigener Wahl in jene Büchereien zurück, die sich auch für dieses Vereinsziel einsetzen, etwa durch die vom Verein organisierten Buchausstellungen, die in großer Zahl – besonders in der vorweihnachtlichen Zeit – stattfinden.

Der Verein, dessen Zentralstelle seit 1981 von Direktor P. Konrad Welzel geleitet wird, ist also weiterhin auf das Engste mit der katholischen Buch- und Büchereiarbeit verbunden. Für seine Tätigkeit in der unmittelbaren Gegenwart sollen zum Schluß noch einmal einige Zahlen sprechen:

Jahr	Ortsvereine	Mitglieder	Büchereien	Bände/Medien	Entleihungen
1950	4017	194 998	3606	3 366 017	7 983 822
1960	5632	345 359	6344	6 424 586	12 062 413
1971	4083	315 920	4015	8 834 212	9 664 831
1982	3245	386 634	3718	10 689 373	13 057 518

Diese Zahlen machen deutlich, wie der Versuch, an die Erfolge vor 1933 anzuknüpfen, zunächst sehr erfolgreich verlief; sie zeigen aber auch die Schwierigkeiten (vgl. 1971), die tiefgreifenden Wandlungen der letzten Jahrzehnte in Kirche und Gesellschaft nachzuvollziehen und die Dienste des Vereins und der Büchereien unter den veränderten Lebensbedingungen nutzbar zu machen. Für die unmittelbare Gegenwart (vgl. 1982) wird erkennbar, in welchem Maß das gelungen ist.

Dabei ist zu beachten, daß die katholische Büchereiarbeit im gesamten Bundesgebiet – also einschließlich des vom St. Michaelsbund betreuten Landes Bayern – mit 14,9 Millionen Büchern und anderen Medien, mit 21,1 Millionen Entleihungen in fast 5000 Büchereien (1982) heute die höchsten Leistungszahlen seit ihrem Entstehen in der Mitte des 19. Jahrhunderts vorweisen kann. Seit 1957 wirken die beiden katholischen Organisationen nicht nur untereinander zusammen, sondern sind in der Arbeitsgemeinschaft der kirchlichen Büchereiverbände Deutschlands auch mit der evangelischen Büchereiarbeit verbunden und tragen zur Entwicklung des gesamten öffentlichen Bibliothekswesens bei.[78]

So wie vor mehr als 400 Jahren das Konzil von Trient für den heiligen Karl Borromäus den wohl entscheidenden Anstoß zu seinen Reformbemühungen und zu seiner Bildungsarbeit gab, so kann man heute sicher eine Wir-

kung des II. Vatikanischen Konzils darin sehen, daß die Deutsche Bischofskonferenz fordert, »den Zugang zu Büchern und Schriften in öffentlichen
Bibliotheken und Büchereien überall und für alle zu ermöglichen« und das
»vom Borromäusverein und St. Michaelsbund begonnene Werk« entschlossen weiterzuführen und auszubauen.[79]

Generalsekretariat des Borromäusvereins

Aufstellung der Schriften des hl. Karl*

lat. (Mehrzahl)	deutsch	ital. (Einzahl)
Canones	Vorschriften, Paragraphen	Canone
Constitutiones	Statuten, Verfassung Lebenregeln	Costitutione
Decreta	Beschlüsse, Bescheide	Decreto
Edicta	öffentliche Verordnungen	Editto
Homilia	Predigten	Omelia
Instructiones	Anweisungen, Vorschriften, Unterweisungen	Istruzione
Institutiones	Verordnungen, Gründung Einrichtungen	Istituzione
Epistolae	Briefe	Lettera
Epistolae pastoralis	Hirtenbriefe	Lettera pastorale
Meditationes	Betrachtungen	Meditazione
Memorialis Libellus	Gedenkbuch	Memoriale, Ricordi
Monitiones	Ermahnungen	Monito
›Noctes Vaticanae‹	= Sermones, Reden, Predigten	—
Orationes	Ansprachen, Reden, auch Gebete	Orazione
Regolae	Regeln als Lebensordnung	Regola
Sermones	Predigten, Ansprachen	Sermone
Tractatus	Abhandlungen, Aufsätze	

---

* Die verschiedenen Formen ergeben sich aus drei Aufgabenbereichen, die Karl Borromäus in seinem Dienst vereinte: Gesetzgebung (Canones, Edicta, Monitiones), Kirchenrecht der Orden (Constitutiones, Institutiones, Regolae) und Pastoral (Homilia, Instructiones, Epistolae pastoralis, Sermones).

Anmerkungen

1 Giussano, P. G. / Klitsche, Buch 1, Bd. 1, S. 20
2 Orsenigo, Cesare, Der hl. Carl Borromäus, S. 181
3 Mols, Roger, Charles Borromée, Sp. 500
4 Kranz, Gisbert, S. 191
5 Seppelt, Franz Xaver / Löffler, Klemens, Papstgeschichte von den Anfängen bis zur Gegenwart, München 1933, S. 287
6 Kranz, Gisbert, S. 190f.
7 Abgedruckt bei: Neuner, Josef / Roos, Heinrich, Der Glaube der Kirche in den Urkunden der Lehrverkündigung, hrsg. von Karl Rahner, Regensburg 1965, Nr. 80 (Denzinger Nr. 783). Zitiert: Neuner / Roos
8 Ebd., 85 (Denz. 785)
9 Ebd., 86 (Denz. 786)
10 Vgl. II. Vaticanum, Konstitution über die göttliche Offenbarung »Dei Verbum«, 10
11 Neuner / Roos, 225 (Denz. 792)
12 Acta Apostolicae Sedis 58 (1966), S. 445
13 Jedin, Hubert, Der hl. Karl Borromäus – neu gesehen, S. 378
14 Hümmeler, Hans, S. 4
15 Kranz, Gisbert, S. 194
16 Pastor, Ludwig von, Geschichte der Päpste seit dem Ausgang des Mittelalters, Freiburg 1923, Bd. IX, S. 62
17 Orsenigo, Cesare, S. 284
18 Keller, Joseph Anton, Des heiligen Karl Borromäus Satzungen und Regeln der Gesellschaft der Schulen christlicher Lehre, Paderborn 1896, S. 269f.
19 Zit. bei: Giussano, P. G., De vita, S. 44
20 Siebengartner, Markus, Schriften und Einrichtungen zur Bildung der Geistlichen, Freiburg 1902, S. 109
21 Antoniano, Silvio, Die christliche Erziehung (dt. von Franz Xaver Kunz), Freiburg 1888, S. 54
22 Bascapé, Carolo, S. 795
23 Bendiscioli, Mario, S. 200
24 Zit. bei: Orsenigo, Cesare, S. 323
25 Dto.
26 Ebd., S. 326
27 Bascapé, Carolo, S. 783
28 Kroeffges, J. P., S. 11
29 Werfer, Albert, S. 105
30 Giussano, P. G., S. 193f.
31 Ebd., S. 149
32 Neuner / Roos, 512 (Denz. 938)
33 Johannes Paulus II., Über das Geheimnis und die Verehrung der heiligen Eucharistie (24. 2. 1980), 3
34 Zit. bei: Hölbeck, Ferdinand, Das Allerheiligste und die Heiligen, Aschaffenburg 1979, S. 246
35 Orsenigo, Cesare, S. 344; vgl. auch Fußn. 34
36 Neuner / Roos, 556 (Denz. 894)
37 Zitiert in: Sancti Caroli Borromaei, Homilia, Mailand 1747/48, S. 17
38 Paulus VI., Vorrede zur Bascapés Neuausgabe 1965, S. XIII
39 Johannes Paulus II., Über das Grabtuch von Turin, in: L'Osservatore Romano, dt. vom 28. 10. 1983, Jg. 13 (1983), Nr. 43, S. 16
40 Wilson, Jan, Eine Spur von Jesus, Freiburg 1980, S. 247
41 Zit. bei: Giussano, P. G., S. 16

42 Orsenigo, Cesare, S. 186
43 Botschaft des Glaubens, Ein Katholischer Katechismus, Donauwörth 1978, Nr. 430
44 Pastor, Ludwig von, Bd. IX, S. 19
45 Giussano, P. G., S. 37
46 Ebd., S. 40
47 Ebd., S. 42f.
48 Brief Bascapés an Pater Ludwig von Granada (8. 11. 1584), Archiv der Autorin
49 Orsenigo, Cesare, S. 366
50 Zit. bei: Ebd., S. 277
51 Anderes, Bernhard u. a. (Hrsg.), Kunst um Karl Borromäus, Luzern o. J., S. 13
52 In: Collegium Borromaeum (Hrsg.), 100 Jahre bischöfliches Collegium Borromäum zu Münster 1854–1954
53 Goerres, Joseph, Ausgewählte Werke in zwei Bänden, hrsg. v. Wolfgang Frühwald, Freiburg 1978, Bd. 2, S. 719
54 Dieringer, Franz Xaver, S. IIIf.
55 Festschrift 1895: Die Gründung und Thätigkeit des Vereins vom heil. Karl Borromäus. Festschrift zum fünfzigjährigen Jubelfeste des Vereins am 30. Mai 1895, im Auftrage des Vorstandes hrsg. v. Central-Verwaltungs-Ausschuß, Bonn 1895, S. 127
56 Ebd., S. 128
57 Ebd., S. 128
58 Borromäus-Blätter, Zeitschrift des Vereins vom hl. Karl Borromäus, Freie Folge, 1900, Nr. 1. Bonn 1900, S. 4
59 Koep, Leo, Die Stellung des Erzbischofs von Köln in den Statuten des Borromäusvereins, in: Festgabe für Kardinal Frings, Köln 1960, S. 561
60 Festschrift 1895: (vgl. 55), S. 82
61 Blätter des Vereins vom heiligen Karl Borromäus, Nr. 136, 1867, S. 542
62 Ebd., Nr. 107, 1861, S. 438
63 Ebd., Nr. 131, 1866, S. 535, vgl. dazu Festschrift 1895, S. 124
64 Festschrift 1895: (vgl. 55), S. 124f.
65 Rumpf, Albert, Der Borromäusverein, Sein Wesen, Werden und Wirken, Bonn 1927, S. 13f.
66 Borromäus-Blätter (vgl. 58), Nr. 17, 1903, S. 415f.
67 Ebd., Nr. 1, 1900, S. 7
68 Ebd., S. 10
69 Ebd., S. 14
70 Schnütgen, Alexander, Der Verein vom hl. Karl Borromäus geschichtlich gewürdigt, in: Zentralblatt für Bibliothekswesen, Jahrg. 41 (1924), S. 331
71 Koep, Leo und Alfons Vodermayer, Die katholischen Volksbüchereien in Deutschland, in: Handbuch des Büchereiwesens, hrsg. v. Johannes Langfeldt, II. Halbbd. Wiesbaden 1965, S. 406
72 Koep, Leo, (vgl. 59), S. 567
73 Koep / Vodermayer (vgl. 71), S. 410
74 Ebd., S. 411
75 Spael, Wilhelm, Das Buch im Geisteskampf, 100 Jahre Borromäusverein, Bonn 1950, S. 341
76 Franzen, August, Hundert Jahre katholische Volksbücherei, o.O., o.J. (ca. 1946)
77 Mitteilungen aus der Zentrale des Borromäusvereins Bonn, H. 1 (1960), S. 1–4
78 Kirchliche Büchereiarbeit im Gespräch, Bonn: Arbeitsgemeinschaft der kirchlichen Büchereiverbände Deutschlands 1982
79 Lesen – Buch – Bücherei, Erklärung der Publizistischen Kommission der Deutschen Bischofskonferenz zur Bedeutung des Lesens und des Buches für den Menschen in Gesellschaft und Kirche. 1. Oktober 1980, Bonn: Sekretariat der Deutschen Bischofskonferenz 1980, S. 8, 1

Bibliographie

(Die gesamte Bibliographie ist chronologisch geordnet)

1. Biographische Schriften der Zeitgenossen bis zur Heiligsprechung 1610

Valerio, Agostino
    Vita Caroli Borromaei, Verona 1586 (übers. ins Italienische), Milano
    1587.

Bonomi, G. F.
    Borromaeis seu de rebus a Carlo Borromaeo praeclare gestis, Milano
    1589.

Possevino
    Discorsi della vita et attioni di Carlo Borromeo, Roma 1591.

Bascapé, Carlo
    De vita et rebus gestis Sancti Caroli, libri septem, Ingolstadt 1592 (Neu-
    ausgabe 1965).

Besozzi, G. F.
    Vita del beato Carlo Borromeo, Milano 1601 (zuerst in: Historia pontifi-
    cale di Milano 1596, S. 199–279), Einzeldruck: Milano 1601.

Giussano, Pietro Giovanni
    Istoria della vita, virtù, morte e miracoli di Carlo Borromeo, Milano
    1610, Roma 1714, Milano 1751 (ins Lat. übersetzt; mit Anmerkungen er-
    weitert).

Penia, Francesco
    (Decano della Sacra Rota Romana), Relatione sommaria della vita, sa-
    nità, miracoli, et atti della canonizatione di San Carlo Borromeo, Milano
    1610.

2. Deutschsprachige biographische Schriften

Tarugi
    Warhaffte kurtze Beschreibung deß seligen Absterbens deß Hochwür-
    digsten/andächtigsten in Gott Vaters und Herren H. Carlo Borromeo ,
    aus dem Ital. von Sebastian Werrd, Freyburg in Vehtland 1586.

Giussano, Pietro Giovanni
    Proelaten-Cron. Lebens und der gewaltigen Taten deß H. Caroli Borro-

maei, aus dem Welschen in die Teutsche sprach übersetzt von Hippolyt Guarinoni, Freiburg 1615.

Mastiaux, Kaspar Anton von
Der heilige Karl Borromäus, Ein Handbüchlein für unseren Klerus, hrsg. von Johann Michael Sailer, Augsburg 1823.

Sailer, Michael Johann
Der heilige Karl Borromäus, Kardinal der Römischen Kirche und Erzbischof von Mailand, Augsburg u. a. 1823.

Giussano, Pietro Giovanni
Leben des heiligen Karl Borromäus, aus dem Ital. von Klitsche, Augsburg 1836.

Dieringer, Xaverius Franziskus
Der hl. Karl Borromäus und die Kirchenverbesserung seiner Zeit, Köln 1846.

Hahn-Hahn, Ida
Der hl. Karl Borromäus, in: Vier Lebensbilder. Ein Papst, ein Bischof, ein Priester, ein Jesuit, Mainz 1861, S. 74–195.

Werfer, Albert
Leben des hl. Karl Borromäus, Regensburg 1861.

Kroeffges, J. P.
Geist des heiligen Karl Borromäus, Mainz 1873.

Ah, J. J. von
Von dem frommen Leben und segensreichen Wirken des hl. Karl Borromäus. Ein Gedenkbuch für das Volk, Einsiedeln 1888.

Wymann, Eduard
Der hl. Karl Borromäus, Staus 1903.

Celier, Leonce
Der heilige Karl Borromäus, Trier 1929.

Hümmeler, Hans
Der heilige Karl Borromäus, Meitingen 1933.

Orsenigo, Cesare
Der heilige Karl Borromäus – Sein Leben und sein Werk, Freiburg 1937.

Ulmer-Stichel, Dörthe
Macht und Milde. Carlo Borromeo, der Heilige des Reformkonzils von Trient, Bonn 1960.

Jedin, Hubert
Der heilige Karl Borromäus – neu gesehen, in: Geist und Leben. Jg. 42 (1969), H. 1, S. 373–387.

Kranz, Gisbert
Carlo Borromeo (1538–1584), in: Sie lebten das Christentum, 28 Biographien, Augsburg 1973, S. 189–204.

3. Weiterführende Literatur zu Karl Borromäus

Sala, Aristide
Biografia di San Carlo Borromeo, Milano 1858.

Kroeffges, J. P.
Geist des heiligen Karl Borromäus, Mainz 1873.

Lossen, Max
Die Pest des heiligen Karl Borromäus, Leipzig 1874.

Die Kultgegenstände der Kirche, Vorschriften des hl. Karl Borromäus über Gestalt, Form und Material derselben, Trier 1874.

Sylvain
Histoire de Saint Charles Borromée, Cardinal et Archevêque de Milan, Paris 1884.

Sprotte, Franz
Die synodale Tätigkeit des hl. Karl Borromäus, Oppeln 1885.

Keller, Joseph Anton
Des heiligen Karl Borromäus Satzungen und Regeln der Gesellschaft der Schulen christlicher Lehre, Paderborn 1896.

San Carlo Borromeo nel terzo Centenario della Canonizazione, Milano 1908–1910, Bd. 1–3.

Fischer, Balthasar
Predigtgrundsätze des heiligen Karl Borromäus, in: Trierer theologische Zeitschrift Jg. 61 (1952), S. 213–221.

Broutin, Paul
Les deux grands évèque de la Réform catholique, S. 282–298; 380–398, in: Nouvelle Revue Théologique A. 85 Tom 75 (1953), S. 282–298; 380–398.

Mols, Roger
 Charles Borromée, in: Dictionnaire d'Histoire et de Geographie Ecclé-
 siastique, Paris 1953.

Memorie storiche della Diocesi di Milano 1954–1969.

Deroo, André
 Saint Charles Borromée Cardinal réformateur Docteur de la Pastorale
 (1538–1534), Paris 1963.

Marcora, Carlo
 La Sylva Pastoralis di S. Carlo Borromeo, in: Memorie storiche della
 Diocesi di Milano Vol. XII (1965), S. 13–98.

Cattaneo, Enrico
 San Carlo Borromeo e la liturgia, in: Ambrosius. Rivista Liturgico-
 Pastorale A 42 (1966), S. 2–42.

Bendiscioli, Mario
 Karl Borromäus, in: Peter Manns (Hrsg.), Die Heiligen in ihrer Zeit,
 Mainz 1966, S. 200.

Marcora, Carlo
 Le lettere giovanili di S. Carlo (1551–1560), in: Memorie storiche
 Vol. XIV (1967), S. 393–563.

Jedin, Hubert
 Carlo Borromeo, Roma, 1971.

Alberigo, Giuseppe
 Carlo Borromeo, in: Theologische Realenzyklopädie, Bd. 7, New York,
 Berlin 1981, S. 83–88.

Bildverzeichnis

Register